AF194300

To my Friends from Finland down to Sicily

Der Autor

Jeff Parc spielte Theater, drehte Filme, schrieb Drehbücher und entwarf Show-Konzepte.

Zur allseitigen Freude gelang es Jeff mit seiner Einmannfilmdistribution, einen Kinderfilm zum Chicago International Children's Film Festival, dem größten Festival für Kinderfilme in Nordamerika, zu bringen.

Anmerkung:

'Bewusst' gab ich allen Schauspielern im Buch 'Pseudonyme', Filmtitel modifizierte ich.

Jeff Parc

auf dem Weg nach Italien

wo eine Banane Venedig versenkte

und

ein Filmschauspieler schwimmen lernte

Impressum

Autor: Jeff Parc

Copyright © 2018

Umschlaggestaltung, Illustration,

Bilder: J. Parc

Herstellung und Verlag:

BoD - Books on Demand, Norderstedt

ISBN 978-3-7528-7583-6

MIX
Papier aus verantwortungsvollen Quellen
Paper from responsible sources
FSC® C105338

FSC
www.fsc.org

Inhaltsverzeichnis

Prolog: Krimis, Thriller, Abenteuerfilme und der Film Noir

Meinen Freund Marvin lernte ich zufällig im größten Programmkino unserer Stadt kennen. Wir saßen nebeneinander und gingen, wie von Geisterhand geführt, nach der Vorstellung noch in der Cafeteria des Kinos was trinken.

Dort fiel uns auf, dass (der) „Film" eine unserer großen Leidenschaften ist – wenn nicht sogar die größte.

Ich war so um die 18, als Marvin mir irgendwie geheimnisvoll zu verstehen gab, dass ihn eine Freundesclique zu einem ganz besonderen Filmereignis in ‚unser' Programmkino einlud – worauf Marvin fragte: „Ist das O.K., wenn ich meinen Freund Jeff Parc mitbringe? Das ist einer, der zum Film will und auch irgendwie dafür gemacht ist – und sich von nichts und niemanden davon abhalten lässt … einer, der sein eigenes Leben lebt, den eigenen Weg geht und lernen will."

Info zu **Programmkino**:

So vielfältig wie die Filme sind auch die einzelnen Kinos, die in der Regel noch von engagierten Betreibern vor Ort geführt werden und kein Kino von der Stange bieten. Sie nennen sich **Filmkunsttheater, Programmkino** und **Arthouse** – gezeigt werden europäische und internationale Produktionen.

Unser von mir mit großer Spannung erwartetes Rendezvous passierte dann auch wirklich an einem Mittwoch, der völlig verregnet war.

Als wir auf ,unser' Kino zusteuerten, fragte ich Marvin schon ein wenig ungeduldig, wo sich denn seine Freunde versteckten, ich sah nämlich keine – worauf er leicht lächelnd antwortete: „Da, direkt vor uns, die Gruppe unter ihren Regenschirmen – geh´ du schon mal hin, ich muss noch schnell zwei Freunde da rechts begrüßen." ... und weg war er!

Mein „Wie?" in Richtung des enteilenden Marvins interessierte da niemanden mehr, da mich in diesem Moment schon sieben traumhaft schöne Teens mit den Worten begrüßten: „Hi Jeff, wo hast du denn den Marvin gelassen?" Ein Riesengelächter brach aus, High Fives machten die Runde und im Hintergrund hörten wir unseren Freund Marvin rufen: „Wartet, ich will doch auch dabei sein!"

Kurz darauf sahen wir dann einen der wohl herausragendsten **Film Noirs** der letzten Jahrzehnte, der drei Oskars gewann und den das

American Film Institute zu einem der 12 besten Filme überhaupt kürte.

Der Film hieß „**Sunset Boulevard**" – und kam von einem Ausnahmeregisseur namens Billy Wilder.

Hier ein kleiner Einblick:

„Mitten in der Nacht ruft eine Dame das Los Angeles Police Department an und teilt dem diensthabenden Officer mit, dass in ihrer Villa am Sunset Boulevard in Beverly Hills der Körper eines Mannes leblos mit dem Gesicht nach unten im Pool dahintreibt."

Info: **Film Noir** – „Film Noirs handeln (oft) im Untergrund von Städten, sind meist Stories, die sich in der Umgebung von Detektiven, Gangstern und oftmals bezaubernd schönen und geheimnisvollen Frauen abspielen."

Als wir neun – also all die bezaubernden sieben Teens samt Marvin und mir – plaudernd aus dem Kino kamen und hinüber zur Cafeteria schlenderten, kam es mir vor, als gingen da langjährige Freunde Arm in Arm von der Piazza Venezia hinüber zur Piazza Navona.

Im großen Finale dieses für mich einmaligen Nachmittags gönnten wir uns noch einige Espressi in der von Italienern geführten Cafeteria

9

‚unseres' Kinos, wobei uns die Präsidentin dieser vom Film verzauberten jungen Filmclique einen kleinen, goldenen Schlüssel überreichte, der Marvin und mir signalisierte, fortan Mitglieder ihrer Film Community zu sein.

Einige Zeit später begann für mich eine lange Reise ins Unbekannte ...

Alleine, fast ohne Geld in der Tasche, aber mit meinem sizilianischen Filmentdecker Gino Cavaro irgendwo im Hintergrund, schlug ich mich mehr schlecht als recht durch viele Jahre.

Nur mein Durchhaltevermögen, vereint mit einer natürlichen Filmleidenschaft, ließ mich in Regionen vordringen, in denen ich mit wunderbaren Kollegen, Stars, Superstars und Filmlegenden die Klingen kreuzen konnte.

Bingo: die richtige Schülerfilmgruppe

Meine doch eher zerfahrene Schülerkarriere bewegte sich innerhalb merkwürdiger, stark schwankender Kurven – einmal kurzfristig der Beste in Latein und Geschichte, auf der anderen Seite sehr oft der klare Sechserkandidat in einigen Fächern, die mich gar nicht interessierten ... wie zum Beispiel Mathe und Physik!

Auch war zu hören, dass sich im Lehrerkollegium die Stimmen mehrten, die da sagten, dass ich mit meinen Film- und Theaterambitionen die anderen Schüler nur verrückt machte!

Wie retro war das denn?

Und so geschah es, dass man mich noch vorm Überqueren der Ziellinie von meiner Schule „schmiss" und hineinsteckte in eine von außen sehr düster aussehende Schule am anderen Ende der Stadt.

Ich weiß bis heute nicht, wer bei diesem erzwungenen Schulwechsel seine Hand im Spiel hatte – denn ich landete punktgenau inmitten einer 15-köpfigen, m/w, Filmgang, die primär „Krimis, Thriller, Abenteuerfilme und Film Noirs" drehten.

O.K. – überschaubare Kurzfilme!

Überglücklich fing ich sofort an, mich mit jedem der 15 (Schüler-) Filmer intensivst zu unterhalten, sodass wir alle zusammen davon auch profitierten.

Eine kleine Schwäche erkannte ich dann zum Glück sehr schnell, denn diese wunderbaren Jungs und Mädchen schafften es mit all ihren Kurzfilmen bisher nicht, „über die 10 Minuten Hürde zu springen – keiner ihrer Filme war also länger als 10 Minuten."

Ich dagegen strebte auf mittlere Sicht einen circa 30-minütigen Kurzfilm an, den wir dann schon eher vor Publikum präsentieren konnten.

Wie auch immer – ich brachte mich aktiv ein, motivierte auf meine ganz eigene Art und war stets positiv ausgerichtet.

Das zahlte sich aus, denn Wochen später stand kein anderer vor meiner Haustür als der etwas schüchterne, aber sehr talentierte Regisseur der Filmgang: „Nic Moren."

„Hi Nic, komm rein, Cappuccino oder Whisky?"

Er lachte: „Natürlich Tee!

Darüber hinaus bin ich aber hier, um mit einem Gleichgesinnten etwas Großes anzupacken."

Er warf nen Packen Papier aufn Tisch und murmelte: „Lies mal bitte."

Als ein Meister des Seiten-Überfliegens erkannte ich im Nu, dass dem manchmal etwas verschlossen wirkenden Nic Moren Wunderbares gelang: der Junge schrieb doch wirklich ein faszinierendes Drehbuch zu einem circa 30-minütigen Film Noir Kurzfilm.

„Wow, ich bin fassungslos, Nic – der Inhalt deiner Seiten ist nichts anderes als ein kleines Filmjuwel, aus dem wir alle zusammen einen circa halbstündigen Film Noir mit dem Titel ‚**Brünettes Gift**' drehen könnten."

Unsere rätselhafte, mit einem dunklen Zauber belegte Dreiecksgeschichte war angewiesen auf drei Typen des Kalibers „Film Noir" : eine undurchschaubare Schönheit voller Intelligenz und Charme und zwei durch und durch coole Typen – den einen spielte mein Freund Carlo Manfredi, den anderen ich. Bei der intelligenten Schönheit voller Charme kamen unsere Schauspielersuchtrupps mächtig ins Schleudern – wenn es reichte, fanden wir sie über hundert Ecken – und dies auch nur durch Zufall.

Christine, eine atemberaubende, brünette Schönheit, besuchte die letzte Klasse eines

Gymnasiums in einer Nachbarstadt und war auf dem Weg, Kulturwissenschaften zu studieren.

Sie brachte von Haus aus alles mit, was diese anspruchsvolle Hauptrolle von ihr verlangte: *Attraktivität, Selbstbewusstsein und Schlagfertigkeit.*

Die Dreharbeiten spielten sich fast ausschließlich in einem komplett vergessenen und heruntergekommenen Arbeiterbezirk unserer Stadt ab – ideale Voraussetzungen für *unseren* Film Noir.

Nach Monaten harter Filmarbeit war es dann endlich so weit, dass Linda, unsere charmante Presse-Sprecherin, unter tosendem Jubel von circa 500 Schülern auf die Bühne der Aula trat und verkündete:

„**Hier ist er nun endlich** – unser erster, circa 30-minütiger Film Noir Kurzfilm mit dem Titel: **Brünettes Gift.**"

Kurz bevor der Film dann auf einer riesigen Leinwand startete, konnte man sich nicht mal mehr mit seinem Sitznachbarn unterhalten – so ein Ereignis hatte die Schule noch nie erlebt! Alle waren dabei, selbst unsere weniger coolen Lehrer saßen nicht nur schweigend auf ihren Stühlen.

Was dann direkt nach den 30 Minuten passierte – keiner konnte es fassen: *alle* lagen sich in den Armen, selbst **die** jubelten, die man nie auch nur lachen sah.

Diese erfrischende Begeisterung erfasste nach und nach die ganze Stadt und ihre Umgebung dazu – die Zeit drängte, ja, sie saß uns regelrecht im Nacken, denn wir fühlten uns verpflichtet, unseren Schülerfilm allen Schülern der Stadt und ihrer Umgebung zugänglich zu machen.

Kein Schüler sollte sich ausgeschlossen fühlen – denn das **Brünette Gift** war zu 100 % ein Schülerfilm!

Kurz und gut: An wirklich allen Schulen drehten die Schüler regelrecht durch und waren von niemanden mehr einzufangen – sie feierten unsere Filmgang in einer Art und Weise, als erfanden wir das Filmen gerade neu.

Dass unsere Schülerfilmgruppe bei jeder Vorstellung in voller Stärke vor Ort war, schätzten die Schüler übrigens sehr.

Wir **15** finanzierten ja bisher alles alleine – aber fortan, es geschahen Wunder, beteiligte sich unsere Schule an all unseren Projekten mit bis zu 50 % – wenn das mal kein Wort war.

Durch diesen völlig unerwarteten Hype ermutigt, zündeten wir spontan die nächste Raketenstufe: Ich verkehrte ja seit einiger Zeit in einem angesagten Künstlertreffpunkt unserer Stadt und war dort mit zig Theater- und Filmregisseuren in spe befreundet.

Dass diese Film vernarrten Jungs natürlich auch ihre Ohren am Puls der Stadt, in der sie studierten, hatten, musste man eigentlich nicht extra betonen – hervorzuheben war allerdings, dass nicht ich zum **Brünetten Gift** einlud, sondern die Jungs drehten den Spieß ganz easy mal um und luden sich und ihre Freundinnen selbst ein – Cool beans!

Mir blieb der Rest, der den weiteren Aktionen allerdings die Krone aufsetzte: Nach einem kurzen, sehr emotionalen Vorsprechen bei unserem Direktor, willigte dieser spontan ein, alle Studierenden der hiesigen Medienakademie, samt ihrer Freundinnen und dem Lehrpersonal, zur Vorführung des Brünetten Giftes in *unsere* Aula einzuladen.

Meine Schule adelte sich mit diesem starken Zeichen hin zur Kunst in einer Art und Weise, die vorher niemand für möglich hielt.

WIR, die vergessene Schule am anderen Ende unserer Stadt, waren plötzlich in aller Munde –

das erste Mal übrigens seit ihrer Neueröffnung vor circa 30 Jahren!

Die Schlussszene unseres Filmes lief noch, als Unvorhersehbares die riesige Aula rockte: Aus derselben Hütte, die Jeff zu Anfang unseres Films betrat, schritt jetzt, am Ende des Filmes, **Christine** heraus – mit schnellen, kurzen Schritten und einem Blick, **der Wasser in Sekundenschnelle 'gefrieren' ließ!**

Cool bestieg sie den schwarzen Gangsterwagen, der vor der Hütte parkte, und lenkte diesen traumhaft elegant in eine sich endlos bewegende Wand an sintflutartigem Regen hinein – wobei die gelbe Beleuchtung des Wagens das Ganze in ein geisterhaftes Licht tauchte – als auch schon die entzückenden Freundinnen der Studenten vereint mit all den kapriziösen Damen der Professoren jubelnd ihrer Freude freien Lauf ließen!

Im gleichen Augenblick erlaubten es sich die Freunde und Männer der gerade verrückt spielenden Damen, auf die doch sehr bequemen Stühle zu steigen, um von dort oben *die Filmsau* 'rauszulassen.

Ein mitreißendes Spektakel – in dieser Art und Weise bestimmt von niemandem erwartet.

Irgendwann im Verlauf dieser irren Minuten steckte mir mein Regie Kumpel Milan ´nen Zettel in meine Jeansjacke, auf dem ich später las:

Kevin – Filmredakteur, Abteilung Spielfilm, **X-Light TV**. Dazu sagte er mir, als die unglaublichen Film-Tumulte leicht abklangen: „Spätestens morgen hat mein Freund **Kevin** euren Film auf seinem Computer! – macht euch auf was gefasst!"

Circa vier Wochen später stand ich das erste Mal in ner Filmredaktion eines coolen Fernsehsenders – wo´s dann sofort aber auch richtig abging:

„Also, Jeff, wer sein Publikum nicht gleich zu Beginn eines Filmes packt, kriegt es vielleicht nie – Ihr habt mich ab dem ersten Bild mitgenommen auf eine Reise, *die unvorhersehbarer nicht hätte sein können*:

Während deiner apokalyptischen Fahrt durch diesen sintflutartigen Regen – auf Straßen, die kaum befahrbar waren, in einem schweren, alten, schwarzen Gangsterauto, das jeden Moment drohte, mittig zusammen zu brechen und dessen gelbes Licht dies wohl ehemalige Arbeiter Gebiet noch gespenstischer erscheinen ließ, als es eh schon war: In dieser äußerst bedrohlichen Situation sah ich mich als dein Beisitzer, der es genoss, dich in deiner unnachahmlich lässigen Art hautnah beobachten zu können – wie du dieses schwer knirschende Mobil souverän zum Stehen brachtest und danach cool schlendernd durch den wasserfallartigen Dauerregen in eines dieser kleinen, halb zerfallenen Häuschen eintratst.

Beim Betreten des einzigen Zimmers dieser ja schon irgendwie auch niedlich wirkenden Hütte, kurz bevor sich die morsche Tür hinter dir schloss, sehen wir im Hintergrund, von einem matten Licht umhüllt, schemenhaft und gerade noch vom Zuschauer mehr zu erahnen als zu erkennen – **diese unfassbar schöne, unnahbare Christine.**

Ich kann mich nicht daran erinnern, dass ich jemals 30 Minuten eines Film Noirs sah, die so voller poetischer Bilder und ausdrucksvoller Mimik waren!

Für mich, als Filmredakteur, der sehr viele Filme aller Genres sah, bleibt hier *eine* Frage offen: Wie in aller Welt gelang einer Schülerfilmgruppe ein derartiger Geniestreich?

Und du, Jeff, bist *mein* HELD (nicht nur) dieser ersten, vielen Minuten eures mitreißenden Filmes.

Die Nonchalance, die Sparsamkeit, mit der du agierst, nennen wir beim Film underplay."

Info: ‚underplay' ist das betont zurückhaltende Spielen einer schauspielerischen Rolle. Info Ende.

Dann ließ er die Katze aus dem Sack – und lud unsere gesamte Filmgang in seine bei Jung und Alt sehr beliebte Film-Sendung *„Film Avantgarde"* ein, um innerhalb von zwei Stunden das Brünette Gift der gesamten Nation vorzuführen *und* im Anschluss daran mit seinem Studiopublikum und unserer Film-Clique darüber zu diskutieren.

Ich dachte in diesen Momenten: Was ist das denn für ein cooler Typ, dieser Kevin, der einen 30-minütigen Film Noir einer Schülerfilmgang derart prominent vor einem Millionenpublikum präsentierte: **Unfassbar für mich – mir lief es eiskalt über den Rücken.**

Irreparabel überwältigt stolperte ich mehr schlecht als recht in Richtung Kevin, umarmte ihn, wie nur echte Franzosen sich umarmen können – und drückte ihm couragiert einen Kuss auf jede Backe, die er mir hinhielt.

In diesem Glücksmoment, fernab von meiner gesamten Filmgang, spiegelten sich all deren Namen in meinem wider, als da waren:

Francis, Nico, Nic, Gerardo, Linda, Marga, Tom, Carlo, Frederic, Nicole, Elise, Marta, Christine, Vico und Paul!

Ich war nur stolz – stolz auf uns alle.

Zum Abschluss meines Besuches empfahl mir Kevin noch die *Schauspielschule Graham*, die hervorragende Leute ausbildete und deren Ruf hochkarätig war.

Auf deren Theaterbrettern lohnte es sich, sowohl introvertiert als auch extrovertiert zu sein!

Auf dem Weg zum Ausgang des TV-Senders fügte Kevin noch hinzu, dass unser geliebter **Film Noir** leider nur noch sehr selten sowohl im Kino als auch im TV zu bewundern war.

Oh, là, là , das hörte sich ja wirklich nicht gut an!

Nun – Jeffs Reaktion blieb cool – er nickte nur kurz zu Kevin rüber und dachte bei sich: „Wer mit seinen Kumpels einen Film Noir-Kurzfilm zum umjubelten Erfolg führt, der wird doch auch mit Profis einen coolen Film Noir auf die Leinwand zaubern."

Unsere Schauspielschule Graham

Mit meinem Freund Milan Bakker studierte ich drei Rollen ein: eine davon aus einem klassischen Dramentext; dann noch ´nen selbst geschriebenen Monolog und ein verrücktes Lied – ich wollte nichts dem Zufall überlassen.

Alleine schon deshalb nicht, da Kevin mir diese Schule ans Herz legte.

Mit auf den Weg gab mir Milan dann noch das: „Es ist wichtig, dass du denen was von dir und deiner Persönlichkeit erzählst – außerdem nie so tun, als kannst du alles, O.K. Sei du selbst, Jeff, und erzähl denen von einem besonders aufregenden Erlebnis – das hinterlässt Eindruck!"

Von 101 Bewerbern kamen sieben in die letzte Prüfungsrunde – final jubelten dann (leider nur) drei Mädchen und zwei Jungs.

Zum Profil dieser Schauspielschule gehörte seit jeher, dass sie lieber mit wenigen Schülern intensiv arbeitete, als mit vielen oberflächlich, womit sie mehr verdiente.

Wir lernten das, was ein Schauspieler können muss: Improvisation und Rollenarbeit, dazu Theorie wie Maskenkunde und Theatergeschichte. Auf dem Stundenplan standen dann noch: Körpertraining und Sprecherziehung, Stimmbildung und Gesang. Dazu Praktika an Theatern.

Nach anderthalb Jahren des intensiven Studiums war ich das erste Mal Teil des *berühmt-berüchtigten Intendantenvorsprechens* (Info: Intendant – künstlerischer und geschäftlicher Leiter eines Theaters, einer Rundfunk- oder Fernsehanstalt).

Normalerweise saßen bei einem solchen Event bisher nur Profis im Saal – was nichts anderes als schrecklich langweilig war!

Dieses Jahr läutete Frau Graham die Wende ein: Tatort war die Aula eines nahegelegenen Gymnasiums: Zuschauer jede Menge Berufsschüler und irrsinnig viele Gymnasiasten.

Am meisten profitierten von dieser Kombination *die* Jungkünstler, die sich mit selbstgeschriebenen Slapsticknummern versuchten – denn da tanzte der Bär! – oder irrer ausgedrückt: „unglaubliche Tanzstunden mit den Bären.“

Die große Mehrheit der Studierenden spielte allerdings die Szenen, die sie an der Schule mit unseren Lehrern erarbeiteten – wie zum Beispiel den Bösewicht, den Melancholiker, den Abenteurer, den Liebhaber, die Femme fatale und auch die schüchterne Liebste.

Was ich persönlich ganz toll fand, war, dass einige Schüler vom Mainstream abwichen und selbstgeschriebene Texte in Szene setzten – in kurzer Zeit möglichst viele Richtungen seines Könnens zu zeigen: **der Schauspieler als Performer seiner selbst.**

Die Medien feierten unisono diese unbekümmert wilden Jungschauspieler sowie auch unsere innovationsfreudige Schule, die den Mut aufbrachte, und erstmals ein paar Hundert Schülern die Möglichkeit eröffnete, Theateratmosphäre zu schnuppern.

Nach Beendigung meiner Studienjahre führte ich viele Gespräche mit erfahrenen Kollegen aus ganz Europa, die mir wirklich alle übereinstimmend sagten, dass mein nächster Schritt *der* sein muss, von einer der guten Schauspieleragenturen aufgenommen zu werden!

Also setzte ich mich in Bewegung und verbrachte einen fast ganzen Tag in einer der bekanntesten Agenturen des Landes. Ich muss sagen, dass man einen jungen ‚Gast' wie mich nicht informativer hätte durch den Tag führen können: Vielen Dank dafür.

Ich ahnte es aber schon vorher, dass *mein* Schauspielerweg ganz einfach ein anderer sein musste!

Mich zog es hinaus, um mir irgendwo da draußen meine Rollen **selbst** zu erkämpfen, seien es welche am Theater oder im Film.

Vielleicht war eine solche Vorgehensweise ‚naiv" – aber sie entsprach nun mal meiner Mentalität.

Sollte ich am Ende des Tages in einer Sackgasse landen – dann war's halt so!

Aber wie so oft kam die Gunst des Schicksals zufällig des Weges: Ich blätterte die Tage im Feuilleton einer Schweizer Zeitung herum und stieß auf einen Artikel, „der mit mir engstens befreundet war: Denn dort stand geschrieben, dass meine ureigene Vorgehensweise auch schon zu früheren Zeiten ganz normal war: Da zog man direkt nach seiner Lehre hinaus, um neue Arbeitspraktiken, Lebenserfahrungen, fremde Orte und Länder kennenzulernen. Erst dann meldete man sich zur ‚*Meisterprüfung*‘ an!"

Vor meinem anstehenden ‚Gewaltmarsch' war mir allerdings auch klar, dass wir Schauspieler systematisch den Einfluss von Ehrgeiz und Begabung überschätzten – **und unterschätzten,**

wie sehr unser Erfolg an Zufällen, günstigen Gelegenheiten und am Glück hing.

Im Filmbusiness gab es ja ein paar wenige, aber sehr beeindruckende Beispiele – wie aus vagabundierenden NOBODIES *Film-Helden* wurden!

Auf den Brettern, die die Welt bedeuten, dem Theater, ragte ein Mann besonders heraus: Dieser widerstandsfähige Zeitgenosse fiel unfassbare 25 Mal bei Aufnahmeprüfungen an Schauspielschulen durch, ehe er die sechsundzwanzigste mit Bravour meisterte!

Diesen zähen Burschen feierte danach das Theater-Publikum der größten Bühnen Europas, jahrzehntelang!

Meine erste, große Rolle am Theater

Oscar Wilde sagte einmal:

"Ich liebe es, Theater zu spielen. Es ist so viel realistischer als das Leben."

Info: Oscar Wilde war ein irischer Dramatiker, Schriftsteller, Dichter und Autor von Kurzgeschichten.

Ich weiß es wirklich nicht mehr, an wie vielen Theatern ich vorbeischaute – bis es letztendlich zu meinem ersten Engagement kam.

So nonchalant ich in vielen Dingen des Lebens war, so zäh war ich auf der anderen Seite, als es darum ging, 'ne halbwegs gute, erste Theaterrolle für mich an Land zu ziehen.

Der berühmte Knoten platzte dann an einem heißen Sommertag, als ich mich nahe unserer Hauptstadt einem international orientierten Theaterdirektor vorstellte, der für ein **Tennessee Williams** Stück einen jungen Hauptdarsteller suchte.

Info: Tennessee Williams, ein weltbekannter Autor und Mitglied der „American Academy of Arts and Sciences."

Um ehrlich zu sein, ich hatte nicht mal im Traum daran gedacht, jemals eine Hauptrolle in einem Theaterstück eines der bekanntesten Autoren der Welt zu ergattern!

Das Theaterstück war eine „lyrische **Fanta-sie**" – Regie führte ein junger, cooler US-Amerikaner namens John Baret aus New York City.

Mein Part war es, unsere Hauptdarstellerin an die Hand zu nehmen und ihr einen Weg aufzuzeigen, der es (ihr) ermöglichte, ein für alle Mal abzulassen von ihrem selbstzerstörerischen, eintönigen und langweiligen Alltagstrott und wieder ihr Leben mit Freude genießen zu können.

Johns Probenarbeit machte uns Europäer irgendwie süchtig – denn wir kamen nie hinter sein Geheimnis, wie er aus uns europäischen Schauspielern tief verborgene Schauspielkünste hervorzauberte.

Parallel zu all meinen Theateraktivitäten verschickte ich das Einzige, was ich zu jener Zeit ‚Filmproduktionen' anzubieten hatte: unseren kompletten Film Noir „Brünettes Gift", der ja inzwischen schon von namhaften Film- und Fernsehprofis hochgelobt war – plus zwei, drei neue Bildchen von mir.

Und überraschend schnell rief mich einer an, der für internationale Filmregisseure junge, unbekannte Gesichter suchte – wie er mir erzählte.

Es schlug die Stunde des **Gino Cavaro**, seines Zeichens sizilianischer Italiener, der nirgends und überall zuhause war.

Er sah das Brünette Gift, war begeistert und lud mich nach Berlin ein, wo einer seiner engen Freunde, ein junger, kanadischer Filmregisseur namens Marc Torpedo, gerade einen neuen Film mit dem Arbeitstitel *„Am Ende ist man immer selbst der Arsch"* drehte.

Vom ‚Torpedo' sah ich bisher zwei Filme, in denen er auch als Schauspieler in kleineren Rollen ‚mitmischte!'

Sowohl seine Filme als auch er als Schauspieler – super!

Auch *unser* **Premierenabend** war keine Ausnahme: Angstgefühle und Nervosität konnten uns Schauspieler nicht davon abhalten, „eine Situation herzustellen, die hier und jetzt einzigartig ist!"

Mir kam es vor, als hätte das gesamte Ensemble gerade eben und gemeinsam mit unserem New Yorker Regisseur John, die Statue of Liberty, immerhin 93 m hoch, die auf Liberty Island im New Yorker Hafen steht, in einer neuen Rekordzeit bestiegen!

Und mittendrin, unter all den triumphalen Rekordlern, dem Bühnenrand gefährlich nahe und sich mehr an der Hand seiner etwas älteren Partnerin festhaltend als diese geschmeidig leicht zu führen, stand ich, der Jeff, und nahm mit all meinen Kollegen diesen wundervollen „Applaus" entgegen!

Chapeau: **dem Publikum**, allen Kollegen, Mr. John Baret und der Theaterleitung.

Einen Abend wie diesen werde ich nie in meinem Leben vergessen.

Gino Cavaro: der Sizilianer

Unser Treffpunkt war die Ankunftshalle im Flughafen Berlin – Zeit: „High Noon!"

„Sollte es ein bisschen voll sein, sagte Gino, folge einfach meiner italienischen Fahne, die elegant über den Köpfen der Menschen kreist."

Das war doch mal ´ne andere Variante, als sich permanent nur in irgendwelchen Restaurants zu treffen!

Cool beans!

Nur unwesentlich später bemerkte Gino, dass er bei unserer ersten, temperamentvollen Umarmung seine heiß geliebte, italienische Fahne wohl versehentlich fallen ließ – sie fiel ihm aus den Händen.

Weg war sie.

Auf der Fahrt zum Ristorante *O Sole Mio* in Berlin-Zehlendorf eröffnete ich Gino, dass ich aus einem ähnlich attraktiven Land kam wie er – allerdings bestanden doch eindrucksvolle Unterschiede zwischen unseren beiden Ländern:

„Mein Land, Gino, existiert einzig und allein in meiner Fantasie und hat nur einen Bewohner – mich: Jeff Parc.

Dies' Land nenne ich: Wonderland."

Nach meinem ultimativen Statement war Gino nicht mehr der Fahnenschwinger aus der Ankunftshalle, sondern einer, der erst mal froh war, mich seinem Regiefreund Marc Torpedo übergeben zu können.

Den Regisseur samt seiner Freundin Paula, eine top Schauspielerin, wie ich hörte, beide aus Montreal, Canada, sah ich das erste Mal beim Frühstück am nächsten Morgen, wo er mich unter anderem fragte, „ob mir das Theater spielen denn Spaß macht?"

„Theater spielen ‚verhext' mich", besonders in meinen Träumen – wie zum Beispiel *dem* dieser Tage:

Ein 700 Plätze Theater: ausverkauft! Ich stand zentral auf der Bühne – und war in einer derart exzessiven Spiellaune, ja dem Spieltrieb total ausgeliefert, sodass ich gar nicht mehr aufhören konnte zu spielen. All meine Mitspieler unserer Lyrical Fantasy verließen die Bühne, ja, sie sind ganz plötzlich und einfach nicht mehr da, während ich dort oben immer noch heroisch stand und meine Rolle zum zweiten

Mal an diesem Abend spielte. Ich kam allerdings nicht ganz bis zum Ende des Stückes, da irgendjemand den Theaterdirektor verständigte, dass da wohl ein irre gewordener oder psychisch labiler Schauspieler auf der Bühne durchdrehte.

Um weiteren Schaden von seinem Theater abzuwenden, erschien der Theaterdirektor mit der Security des Hauses und ließ mich rücksichtslos von der Bühne entfernen. Danach stellte er sich an den Bühnenrand und entschuldigte sich für diesen Vorfall vor den noch anwesenden circa 200 Theaterbesuchern.

Diese 200 interessierten sich allerdings überhaupt nicht für das trostlose Geschwätz dieses Direktors – sondern feierten minutenlang und losgelöst von all ihren Alltagsetiketten den heldenhaften Schauspieler Jeff Parc, der ihnen eine Gala ablieferte, die der Theaterwelt dazu verhelfen könnte, in andere Dimensionen vorzudringen!

Buhrufe begleiteten den Direktor, bis er von der Bühne verschwand!"

Traumende.

Als ich den beiden lächelnd ins Gesicht schaute, meinte ich zu erkennen, dass Paula und Marc momentan nicht so recht wussten, in welche Richtung der Zug mit diesem Jeff Parc fahren könnte – uninteressant schien ich ihnen aber nicht zu sein!

Fantasiebegabt, wie ich ab und an mal war, erwachte ich am übernächsten Morgen mit einer Art ‚Slapstick' Inspiration, aus der sich bei tieferem Nachdenken vielleicht sogar ein kleines Filmchen für Marc Torpedo basteln ließe. Ich hatte so den Eindruck, das ich einem Shootingstar der internationalen Filmszene, bei dem ich ja nun ´ne Woche wohnte, ´was anbieten müsste – und mit einem kleinen, surrealistischen Filmchen wären bestimmt auch *junge* Filmer zu erfreuen!

Ich stürmte in die Küche, wo Signore Cavaro gerade unser Frühstück vorbereitete – „Nicht erschrecken, Gino, aber ich bräuchte sofort und für drei bis fünf Stündchen einen alten Gangsterwagen, ´nen Revolver samt Munition, dann noch ´ne gut funktionierende Kamera – und dich obendrauf als meinen Kameramann!

Ginge das alles – und gleich?"

Gino hatte mich noch nie so entgeistert angeschaut wie in diesen Sekunden. Vielleicht dachte er ja – der wird mir doch nicht am Rad drehen und in der Gegend herumballern wollen. Irre genug ist der Typ ja!

Ginos Antwort war nichts anderes als geil: „Ja, klar, mach ich alles … sofort – **denn je verrückter du bist, um so sympathischer bist du mir!"**

Und weg war er – während ich mich erschöpft auf'n Küchenstuhl fallen ließ, von wo aus ich Minuten später dann auch noch frühstückte.

Danach – und ohne mein Zutun – verfiel ich in eine Art visionären Tiefschlaf, in dessen Mitte ich nichts anderes erträumte als den Titel für meinen stilbildenden, ja revolutionären Slapstick Film, der die Welt noch beschäftigen wird:

„Der Flug der Pistole oder wie Jeff seiner Pistole das Fliegen beibrachte."

Mächtige Knallgeräusche ließen mich unerwartet aufschrecken und zum Fenster rennen, wo Gino direkt vorm Haus mit meinem Wunschauto, einem schwarzen Gangsterwagen, vorfuhr und alles ins Haus schleppte, was wir für unseren Film brauchten!

Ich liebte Gino in diesem Moment noch mehr als sonst – auf Anhieb so einen Freund an seiner Seite zu haben, einfach wunderbar.

Nach einer etwa zweistündigen Suche fanden wir ein offensichtlich verlassenes Gelände, auf dem eine alte, leer stehende Fabrikhalle stand – *unser* perfekter Drehort!

Beim Drehen hatte ich den Eindruck, dass Gino nicht nur ein wunderbares Gefühl für Bilder hatte, *was mir das Wichtigste war*, sondern ebenso das richtige Gespür für den Augenblick.

Was ein Glück! Ich atmete erst mal tief durch.

Als wir unsere verschiedenen Einstellungen im Kasten, also in der Kamera hatten, begann für Gino und mich die Zeit der Wahrheitsfindung. Alles hing nun am seidenen Faden! War es wirklich der abseits aller Logik und Physik stattfindende Flug meiner Pistole in die von mir vorgegebene Linkskurve oder fand hier vielleicht doch nur ein lächerlicher Wurf in die ,Lüfte' statt, über den die große, weite Filmwelt nur müde lächeln konnte?

Drei lange Minuten der Begutachtung unseres Filmmaterials erbrachten dann aber den Beweis: **Jeffs Wunderwaffe hatte das Unmögliche möglich gemacht und mit aller nur erdenklichen Zuneigung ihres Trainers gelernt, selbstständig zu fliegen!**

Anstatt diese Sensation nun gebührend mit Champagner zu begießen, fanden sich Gino und Jeff in einer virtuellen Sandkastenwelt wieder, in der die dort lebenden, kleinen und großen Menschen Erfolge nach anderen Regeln ‚feierten' – hier war einzig und allein das Schreien und Toben, sowohl das sich im Sand rollen angesagt: **also Sandkastenspiele pur!** Beide Freunde, so schien es, hatten gar keine Lust mehr, in die einfallslose Welt der Erwachsenen zurückzukehren.

Was wir filmten, konnte in keinem Lehrbuch stehen, da Jeff Parc der bisher einzige Mensch auf dieser Welt war, der solch einen unfassbar komplizierten Handlungsablauf Realität werden ließ:

„Ein cooler Gangster, Jeff, steigt mit gezogener Waffe aus einer Art uraltem Ganovenauto aus, geht in Deckung – als er fast schon überstürzt Schüsse auf ein imaginäres Ziel abgibt.

Alle Welt denkt, dass er umgehend die Flucht ergreift – das irre Gegenteil passiert: Er bleibt völlig cool am Ort der ‚Tat' stehen und schleudert seine Waffe in einem verdächtig hohen Bogen in die Lüfte, rennt, ohne Zeitverzug, laut schreiend und gestikulierend in eine leichte Linkskurve, gerade so, als wolle er seiner eigenen Waffe die Richtung ihres Fluges vorgeben!

Bei dieser ‚kunstpädagogischen‘ Darbietung ist jedem Kunsthistoriker sofort klar, dass der Ganove gerade der Weltöffentlichkeit eine Sensation präsentiert – *er bringt zweifelsfrei und in dieser tausendstel Sekunde seiner eigenen Waffe das selbstständige Fliegen bei*!"

Wie viel Frohsinn, gemixt mit einer Überdosis an Coolness, muss einer denn besitzen, um eine derartig absurde Vision überhaupt in Angriff zu nehmen?

 Gino war derart geflasht, dass er vier, ja vielleicht sogar ganze fünf Minuten kein Wort mehr herausbekam – was gemäß einem sizilianischen Gesetz aus dem Mittelalter, um genau zu sein aus dem Jahre 1421 bis tief in das Jahr 1428 hinein, sehr böse Auswirkungen hatte:

Denn darin stand wortgetreu: „Demjenigen Sizilianer, der sich länger als vier Minuten seiner Muttersprache nicht bediente, drohte der Entzug seines Bleiberechtes auf der Insel!"

Das war dann selbst für Gino zu viel an sizilianischer Regulierungswut – und er startete in fliegender Eile einen sizilianischen Monolog, der nicht enden wollte!

Was er da von sich gab, ich weiß es bis heute nicht … trotz Nachfrage verriet er es mir nie!

Marc erschien am nächsten Morgen in der Küche – wie ausgewechselt, ja, seine Stimme schien auch ein wenig zu zittern: „Sag mal, Jeff, hast Du im Juli vier, fünf oder auch sechs Wochen Zeit und Lust, mit uns nach Capri zu kommen?

Zu Ehren deines Pistolenirrsinns werd´ ich dir auf Capri ein ebenso irres Filmdrehbuch schreiben, das uns alle nach Venedig führen wird, um dort neben unserem Film auch noch en passant „den venezianischen Karneval zu revolutionieren!"

Forza, si va a Venezia!

Auf nach Venedig!

Let's go to Venice!

Allons à Venise !

Zurück in meinem Theater

Retour im Theater bespielten wir in den nächsten Monaten neben einigen Großstädten auch viele kleinere Städte: Bei manchen, ich erinnere mich noch ganz genau, waren die Spielflächen derart klein, sodass wir nur mit allergrößter Anstrengung unser Bühnenbild unterbrachten.

Herrlich, dass ich ein kleiner Teil eines derart abenteuerlich orientierten Theaters sein durfte.

Dann – nach unserer letzten Vorstellung – passierte etwas doch eher Selteneres:

Jeff vergoss Tränen der Freude!

Kurz danach waren wir alle – Freunde, Familien, Bekannte, unser Ensemble und die Theaterleitung – auch schon mittendrin im Feiern: Und zwar so lange, bis der Hahn anfing zu krähen!

Mission accomplished

missione portata a termine

Capri – wir kommen

Zum Glück laufen in meinem Buch ja alle Künstler „anonym" durch die Gegend, ansonsten erzählte ich ihnen bestimmt nicht mein Spezialwissen betreffs meines neuen kanadischen Freundes ‚Marc Torpedo' :

„Marc kann nicht schwimmen!"

Und ich soll es ihm auf Capri beibringen: heimlich! – was ich fest versprach.

Unsere circa sechswöchige Capri-Expedition sollte anfänglich ja ein neues Filmzeitalter mit Marc, Paula, Gino und Jeff einläuten – dann kam, wie so oft, Unvorhergesehenes dazwischen:

Die Viererbande – Paula, Marc, Gino und Jeff – stand Tage vor ihrer Abreise, als eine der renommiertesten französischen Filmproduktionen Paula ein Rollenangebot unterbreitete, das sie kurzfristig annehmen musste: Großzügig gab man ihr eine Frist von drei Tagen!

Da man solche Angebote nur alle paar Jahre zu Gesicht bekam, wenn überhaupt, musste Paula sofort zusagen!

Was ihr im Moment blieb, war eine tiefe Traurigkeit, uns Jungs nun alleine auf die Insel fahren zu lassen.

‚Geschwächt' durch Paulas Abwesenheit, betraten wir auf Capri ein außergewöhnlich aufregendes Haus, das italienische Freunde Marc für die ganze Zeit zur Verfügung stellten.

Trotzdem – Paula fehlte uns an allen Ecken und Enden!

Marcs Drehbuch schreiben dominierte ihn total – aber am Ende des Tunnels wartete ein 800-Millionen-Einwohnermarkt namens Europa – sich dort zu präsentieren, war für jeden Regisseur natürlich ´was ganz Besonderes.

Die wenigen freien Tage waren dann auch reserviert für wichtige Treffen mit Kollegen und Filmbossen aus aller Herren Länder.

Ich hatte vorsichtshalber genug Bücher dabei, um meine Tage so angenehm wie nur möglich zu gestalten, da Gino vorrangig all seine Freunde traf, die er ja auch nur alle paar Jahre zu Gesicht bekam.

Bei manchen dieser sizilianischen Treffen *musste* Jeff dabei sein, da er mich bei seinen allerbesten Freunden als ‚seine coolste Neuentdeckung seit Jahren' ankündigte.

Welch eine Ehre!

Es passierte wohl in unserer zweiten Capri Woche, dass wir in einem malerisch gelegenen Ristorante von Ginos Freund Roberto und seiner Frau Rosa vier Niederländer kennenlernten: einen bekannten Theaterautor und drei bezaubernde, junge Damen.

Tialda war die jüngste mit 25 zarten Jährchen und schon Managerin einer großen Theatergesellschaft in den Beneluxstaaten, Belgien, den Niederlanden und Luxemburg, die ihre Theaterstücke *dort* an Stadtverwaltungen verkaufte.

Unser erstes Sehen war so vielversprechend lässig und sympathisch, dass wir weitere Rendezvous fest einplanten – wozu wir natürlich auch unseren Freund Marc einluden.

Und, es geschahen doch noch kleine Wunder – Marc nahm unsere Einladung an und war vom ersten Treffen derart begeistert, dass er bei allen weiteren immer dabei sein musste!

Diese vier Niederländer und die Vorfreude auf jedes weitere unserer gemeinsamen Treffen verschönerten unseren Caprisommer in einer Art und Weise, wie es keiner von uns für möglich hielt.

Der Charme unserer gemeinsamen Tage verflog dann aber wirklich nur ein einziges Mal, als unser heißblütiger Gino der Auffassung war, „auch die bezaubernde Tialda könne ihm nicht widersteh'n."

Hätte er nur seinen Freund Jeff vorher mal kurz kontaktiert – denn der hörte genau zu, als sie einmal kurz davon sprach, nun schon sieben Jahre glücklichst mit ihrem Freund in Amsterdam zusammenzuleben.

Unsere Caprimission war trotz des Fehlens von Paula ein voller Erfolg: Marc Torpedo brachte es doch tatsächlich fertig, ein sehr kompliziertes Filmdrehbuch für einen völlig unbekannten Schauspieler namens Jeff Parc zu schreiben – und dass ihm in diesen Capri Wochen auch noch eine Mailänder Filmproduktion in die Hände fiel, die seinen Film produzierte und darüber hinaus seinem Vorschlag folgte, den Film in Venedig zu drehen – war ein Mysterium in sich.

Apropos: Marc schwamm am Tage unserer Abreise bereits „**wie ein Fisch im Wasser!**"

Veniamo a Venezia

„Heißes Venedig" – oder die Story einer Banane

Da es der erste große **Film Noir** unseres kanadischen Regisseurs Marc Torpedo war, stellte ihm die federführende, italienische Filmproduktion den erfahrenen Mittelamerikaner **Jean Banano** zur Seite – als Production Manager.

Jean hatte unzählige Filmschlachten hinter sich – obwohl sein Spitzname „**die Banane**" eigentlich nicht direkt auf einen zähen Kämpfer hinwies.

Wir drehten nun schon über sechs Wochen im kochend heißen Venedig, als massive Gewitterwolken aufzogen und sich in einer Art und Weise entluden, als ginge es unserer Welt an den Kragen.

Und ganz ähnlich erging es unserem Film: Er schien finanziell dem Untergang geweiht zu sein und keiner wusste eigentlich, warum!

Vermutungen, Erklärungen schwirrten durch die schwülen Lüfte der Lagunenstadt – Geld brachte dies alles aber nicht mehr zum Vorschein.

Es bedurfte eines Wunders, um unsere letzten Drehtage, drei waren es noch, in den Kasten zu bekommen.

Unser riesiges Produktionsbüro stand Kopf, die Hektik war kaum mehr zu ertragen – alle riefen verständlicherweise nach der „Banane" – denn wenn überhaupt einer unser Problem löste, dann nur sie, die Banane.

Und so saß sie rund um die Uhr in ihrem riesigen Produktionsbüro – aber von wahren Problemlösungen war auch sie meilenweit entfernt.

Dann, von ihrem mittelamerikanischen Instinkt geleitet, erinnerte sich die Banane an ihre Kindheit in einem wunderschönen Land mit Namen Panama, in dem man jegliche Arten von Geldproblemen mit diesem Kindheitszauberspruch erfolgreich bekämpfte:

„Katzendreck und Eulenschrei, was verschwunden ist, kommt schnell herbei."

Der Spruch blieb, warum auch immer, ohne Wirkung; andere mittelamerikanische Zaubersprüche ebenso.

Nach weiteren Stunden der totalen Verzweiflung, sprang die inzwischen regelrecht wild gewordene Banane auf, rannte zu einem jungen Produktionsassistenten und gab ihm folgendes mit auf den Weg zum italienischen Superstar unseres Filmes, Signore Luca Razza: „Du sagst dem Luca, dass unser hochbegabter Regisseur gerade ein Filmwunder vollbrachte, in dem er aus unseren *drei* noch anstehenden Drehtagen einen einzigen, finalen Drehtag zauberte!

So, und jetzt ab zu diesem Italiener."

Dies schien mir der Moment zu sein, einem der ganz Großen zu lauschen:

„**Albert Einstein**" gilt als Inbegriff des Forschers und Genies – ihm wird dieses Zitat zugeschrieben, das unsere Banane sehr gut erklärt:

„Zwei Dinge sind unendlich, das Universum und die menschliche Dummheit, aber bei dem Universum bin ich mir noch nicht ganz sicher."

Luca Razza, Besitzer von circa 30 großen Filmhauptrollen, hörte sich geduldig den ‚**Bananenwitz**' an – und verlangte danach umgehend, die seiner Meinung nach von einem außergewöhnlich schweren venezianischen *Sonnenstich* irre gewordene ‚Banane' in natura zu treffen.

Da sich die Banane nicht bei Luca meldete, wie dieser es forderte, nahm er alles selbst in die Hand, stürmte unverzüglich in unser Produktionsbüro, das man vom Vornehmsten in einem sehr alten Palazzo einrichtete.

Was sich darauf in diesem altehrwürdigen Gemäuer abspielte, war künftig jeder italienischen Komödie ein Vorbild.

Lucas Stimme war in einer Tonlage zu hören, als stünde er, 2 m 01 groß, auf einem zwanzig Meter hohen Podest und rief von dort hinunter zu der bunten Truppe der Produktionsangestellten:

Wenn mir einer von euch auf der Stelle verrät, wo sich diese Banane aufhält, bekommt er von mir 1000 Dollar geschenkt!

Es setzte zwar ein in Englisch gehaltenes Gemurmel der bunten Truppe ein, aber eine Antwort auf Lucas Frage war dabei nicht herauszuhören.

Die Banane, die gerade ein anregendes Bad nahm, bekam natürlich mit, dass sich da etwas aufbaute, das nichts Gutes verhieß.

Und so beschloss sie, halb nackt und sehr geräuscharm ob dieser wirren Geschehnisse um sie herum, dem luxuriösesten Bad der ganzen Wohnung Adieu zu sagen und sich von dort auf den kürzesten Weg zu begeben – direkt hinein in einen der riesigen venezianischen Schränke.

Hier drinnen bin ich nun endlich vor diesem italienischen Fuzzi sicher – so sicher, als wäre ich in meiner Heimat Panama und für all diese italienischen Filmbanausen unerreichbar – dachte die panamaische Banane.

Dem war aber nicht so – denn unsere Banane befand sich rechtlich immer noch auf italienischem Territorium und was „sie" natürlich nicht wusste, war, dass sich in den letzten Jahrhunderten kein einziger Italiener von einer kleinen Banane aus Panama hatte täuschen lassen.

Rasend vor Wut, dass er keiner „Banane" in dem riesigen Produktionsbüro begegnete, fing unser Star an, die Türen der adligen Schränke aufzureißen und hatte damit schon beim zweiten Schrank vollen Erfolg.

Denn darin saß niemand anderes als der kläglich gescheiterte Zauberkünstler selbst – fast nackt, lediglich mit einem Mini-Handtuch bedeckt … sowie zitternd vor Angst.

Luca hob nun die total rot angelaufene Staudenpflanze an deren eigenen Haaren aus dem Schrank und lehnte sie mittig an denselben.

Dann sprach nur noch einer: Luca!

Nach dieser perfekt gespielten „veneziani-schen Komödie" übergab er der inzwischen völlig verängstigten Banane ein Schreiben sei-nes Anwalts ...

Danach schlenderte unser italienischer Star in aller Ruhe aus unserem riesigen Produktions-büro – mit einem wundervoll klingenden, itali-enischen Lied auf seinen Lippen, dessen Titel ich blöderweise vergaß.

In diesem Moment war mir klar, „dass eine irre gewordene Banane Venedig versenkte."

Ciao, Venezia

Jeff auf Rollensuche in Europa

Da ich nie auch nur einen einzigen Euro aus unserem venezianischen Bananendesaster sehen sollte, musste ich mich umgehend nach irgendeiner außerschauspielerischen Tätigkeit umsehen.

Nach einigen fehlgeschlagenen Bewerbungen versuchte ich es beim Grünflächenamt der Stadt und hatte dort das Glück, dass ich auf einen Ober-Gärtner-Meister traf, dessen Lieblingssendungen im Fernsehen ‚Krimis' waren.

Ohne lange zu fackeln, engagierte er den gerade mal wieder in akuten Geldnöten steckenden Schauspieler Jeff Parc – allerdings nicht ohne Hintergedanken:

Denn ich war ab dem ersten Tag meines fünfmonatigen Gartenengagements ‚des Gärtners Schauspiellehrer!'

Das ist ja komplett irre, mag jeder Außenstehende hier denken.

Ist es aber nicht – und zwar aus folgendem Grund: Der Gärtner hatte sich doch tatsächlich in seinen Gärtnerkopf gesetzt, dass er nach seiner Pensionierung in zwei Jahren unbedingt 'Komparse beim Fernsehen werden wollte!'

Das ging mir so ans Herz, dass ich wirklich alles gab, was ein junger Schauspieler aus sich herausholen konnte, um einem städtischen Gärtnermeister zu helfen, vor den Komparsenkameras der Nation bestehen zu können!!!

Jeweils zu später Stunde bereitete ich meine **Europareise** vor, wozu ich unser ‚Brünettes Gift' samt zwei, drei neuerer Bildchen an mehr oder weniger bekannte Filmproduktionen schickte.

Meine ‚künstlerische' Arbeit beim Grünflächenamt machte mir Spaß, die Zeit flog dahin und meine Abreise nach Brüssel, Belgien, dem Startland meiner Europareise in die ‚Vorhöfe der Träume', stand vor der Tür.

In Brüssel wohnte ich bei Freunden und war somit an allen Tagen ausgeruht und voller Elan – ja, ich stürmte regelrecht den Filmproduktionen entgegen, wovon ich vielen ja unseren hoch-gelobten Film ‚Brünettes Gift' samt zwei Bildchen schickte – und obendrein feste Vorstellungstermine vereinbarte.

Meine Starteuphorie machte allerdings sehr schnell der Desillusion ‚Platz', da circa 99 % meiner Vorstellungstermine eigentlich immer gleich verliefen – entweder saß ich Typen vis-à-vis, die mir von Großprojekten erzählten, die sie in zwei, drei Jahren angingen – und ich sollte mich doch bitte vorher noch mal in Erinnerung bringen … oder man schickte zu meinem Erstaunen *und* meiner Begrüßung die wohl schönste Filmproduktionsangestellte ins Rampenlicht, um mir charmant mitzuteilen, dass die Filmbosse fluchtartig das Land verließen, um an frisches Filmgeld irgendwo am Ende der Welt heranzukommen!

Diese ‚Tristesse‘ fiel dann aber ganz schnell wieder von mir ab, als ich in einem der vielen, coolen Brüsseler *Cafés* zu sitzen kam, um meinen geliebten *Espresso doppio* zu genießen.

Beim Doppio erinnerte ich mich dann schon wieder lächelnd an ein paar Sätze, die ein weltweit bekannter, französischer Filmregisseur von sich gab:

„Der Beruf des Schauspielers ist einer der härtesten der Welt, wenn man nicht wirklich erfolgreich ist. Immer wieder Arbeitslosigkeit, Unsicherheit und Angst vor der Zukunft sind alltägliche Sorgen. Und ohne ein für den Erfolg notwendiges Talent und Glück geht schon mal gar nichts in diesem Beruf!"

Ich nahm Abschied von meinen Brüsseler Freunden und zog weiter, um vielleicht *dort* andere Geschichten zu hören oder sogar ein Kandidat für eine größere Rolle zu sein, die in zwei, drei Jahren irgendwo am Hindukusch in Zentralasien gedreht wird?

In den nächsten Wochen und Monaten versuchte ich immer wieder, mal eine ganze Nacht durchzuschlafen, was mir angesichts der total durchgelegenen Matratzen nicht *einmal* gelang – überall entstieg ich den Bettgestellen mit mächtig verzerrtem Gesicht, da mir mein Rücken doch ordentlich wehtat!

Bei mir kam dann noch erschwerend hinzu, dass ich tagsüber lange Strecken von einer Filmproduktion zur anderen zu bewältigen hatte – für Taxen war mein Budget viel zu schmal und mein Auto parkte derweil ‚gebührenfrei‘ dort, wo ich die Nächte versuchte zu schlafen – in Jugendherbergen oder *sehr* günstigen Pensionen.

Höchstwahrscheinlich unterschätzte ich das Problem mit meinem Rücken, total – oder ich dachte erst gar nicht daran.

Unser „Brünettes Gift“ – TV-erprobt und hochgelobt – sollte mir ja Türen öffnen, tat es aber nicht – es gefiel vermutlich vielen, wie ich hörte, mehr aber auch nicht.

Eines Tages gab es dann aber doch mal gute Laune und ´was zu lachen, da ein mehr als charmanter Londoner Kollege etwas losließ, das so simpel wie einfach klang: „Frag dich in Theatercafés durch und Kollegen werden dir helfen, so du ihnen sympathisch bist, die eine oder andere Rolle an Land zu ziehen."

Auch dieser gut gemeinte Rat war natürlich nicht mein Ding, aber einen Versuch wert – und der angenehme Londoner hatte doch tatsächlich die perfekte Empfehlung zur besten Zeit: Ich spielte in den nächsten zwei, drei Monaten bestimmt um die 15 kleine und kleinere Rollen, die meiner Finanzsituation ein wenig unter die Arme griffen.

Das war´s dann aber auch schon, denn in die Nähe meiner geliebten Krimis, Film Noirs und Abenteuerrollen kam ich nie.

Von einer meiner vielen ‚zukunftslosen Minirollen' muss ich Ihnen allerdings zwingend berichten, da diese sich derart absurd ‚entblätterte', dass selbst das gesamte technische Personal am Drehort ‚sich vor Lachen bog!'

Um die Rolle überhaupt zu bekommen, lud man mich vor eine sechsköpfige Expertengruppe, die entschied, dass ich ihre **Kommissarmützenrolle** spielen durfte!

Es war übrigens die letzte zu besetzende Rolle in diesem Kinofilm mit Starbesetzung!

Der Hauptdarsteller, eben jener Star, dann zwei mehr und weniger erfahrene Polizeikommissare, mein Kollege und ich, die den Typen fangen und dann auch noch verhören sollten.

O.K., ich war also dem Star auf den Fersen, der feuchtfröhlich vor mir her wackelte, in Richtung seiner Villa.

Als meine rechte Hand seine linke hintere Mantelecke fast erwischte, nahm plötzlich meine Kommissarmütze Einfluss auf dies gerade stattfindende amtliche Geschehen – sie drohte mir nämlich vom Kopf fliegen zu wollen!

„Aber bitte doch nicht in dieser heißen Phase des Zugriffs", sagte ich meiner Mütze und hieb mit einem gezielten Schlag in deren Mitte, sodass sie in der Sekunde wieder ihren festen Halt bekam.

Sie, die Mütze, dankte es mir und nach weiteren fünf langen Schritten waren meine beiden Hände dem Bösewicht erneut so nahe, dass sie ihn am wehenden Mantel hätten niederreißen können.

Fatalerweise verhinderte ausgerechnet *die* Person meinen Zugriff, die für (die) übergeordnete Spannung in unserem Krimi zuständig sein sollte – der Regisseur!

Er, der Dirigent dieses Drehortes, stoppte mit einem imposanten Tarzanschrei meine fast vollendete Fangaktion und schickte seine junge, sehr niveauvoll daherkommende Assistentin los, die mich umgehend und sicher dorthin führte, wo er schlecht gelaunt auf seinem Regiestuhl saß.

Was wollte der gute Mann denn nun von Jeff?

Hier seine Regiestimme:

„Herr Jeff Parc, wir engagierten Sie, um in unserem Krimi einen jungen, seriösen Polizeikommissar zu spielen – da können Sie doch nicht während einer Verfolgungsszene ihrer Kappe einfach mal so auf den Kopf schlagen.

Was sollen die Zuschauer denn da denken?"

„Ich möchte Ihnen nicht zu nahe treten, Mr. Tower, aber eine mit dieser lässigen Perfektion gespielte Mützennummer lässt bestimmt niemanden im Kinosessel einschlafen – ebenso wird bei so viel Slapstick innerhalb nur einer Szene nicht ein einziger Zuschauer in einer möglichen Fernsehzweitverwertung ihres Filmes ein kurzes Schläfchen halten wollen!"

Ein Supergelächter brach unter den Technikern und allen anderen noch aktiv herumstehenden Filmleuten aus – **so was Cooles hörte man an Drehorten** (eigentlich) **nie!**

Der Regisseur verzog keine Miene, klatschte dafür aber kräftig in die Hände und rief charakterfest dazwischen: „Wir drehen weiter – alles auf Anfang, bitte."

Diese Momente ließen mich gewaltig an meinem Beruf zweifeln, wenn nicht verzweifeln – *gibt es denn wirklich keine Lässigkeit in diesem Metier?*

Eine Antwort darauf erhielt ich von dem vielleicht künstlerisch einflussreichsten Filmregisseur aller Zeiten, dem US-Amerikaner ORSON WELLES:

„Eines Tages werden sie begreifen, dass in Wirklichkeit das Leben Kino ist."

Dieses *Kasperletheater* war der finale Auslöser, meine Europareise abrupt zu beenden und alle noch offenen Termine dann von zu Hause aus „abzusagen!"

Meine Vorstellung von Film war eine grundlegend andere – und hatte mit keiner von mir bisher erlebten Filmrealität etwas zu tun!

Ausnahme: unser Brünettes Gift!

Das, was mir europaweit da an Möglichkeiten ‚begegnete' – darauf konnte ich locker verzichten … hätte ich (ehrlicherweise) auch verzichtet, ja, wenn da nicht mein *Urtraum* vom Film beständig in mir rebellierte!

Ich musste mich noch beweisen!

Morgen ist ein anderer Tag und irgendetwas wird sich irgendwann in der Endlosigkeit der Zeit schon noch ergeben.

Bonne Nuit

Gute Nacht!

Dobra Noc

Mobbing im Importanti-Film-Imperium

Schon auf der Fahrt in Richtung meiner Wohnung wusste ich, dass ich mir zur Begrüßung meiner selbst einen doppelten Espresso machte.

Nach diesem Genuss ging's aber auch schon ins Bett, um endlich mal wieder so richtig auszuschlafen. Vielleicht besuchte mich während meines tiefen Schlafes ja ein Traum, der mir andeutete, wo mein ,Schauspieler Spezialweg' mich demnächst hinführte.

Ich lebte die nächsten Wochen eigentlich nur noch day by day, traf Freunde, Freundinnen und hatte viel Spaß mit meinem geliebten Poolbillard und mit unseren gemischten, m/w, Fußballspielen auf der Wiese – wobei man froh sein musste, egal ob als Sieger oder Verlierer, sich nichts auf diesen Berg- und Talbahnen gebrochen zu haben.

Und wie aus dem Nichts heraus stoppte all diese aufregenden Spiele mein sizilianischer Entdecker Gino Cavaro, der selten so euphorisch wie bei diesem Anruf klang – es musste was ganz Besonderes in der Luft liegen.

Dem war so!

Denn niemand anderes als die Filmproduktion des momentan angesagtesten europäischen Filmemachers, Mister **Arthur Importanti** aus Lissabon, Portugal, rief Gino an.

Arthur sah Jeff im ‚Brünetten Gift' und gab Order, diesen Typen so schnell wie möglich herbeizuholen – koste es, was es wolle.

Für meinen Lissabontrip riss ich Folgendes aus einer Art ‚Kleiderkiste': schwarze Hose, weißes Button-down-Hemd, schwarzer Sakko und rötliche, schmale Krawatte – als Zugabe für meinen Kopf: nen uralten, grauen Borsalino! (Info: Gangsterhut!, was sonst?)

Gino bat mich pünktlich zu sein, da der Importanti nur sehr wenig Zeit zur Verfügung hatte – Flugticket et cetera war am Schalter hinterlegt – und so kam es, dass Arthur aus einer Theaterkantine direkt auf mich zusteuerte und zu Gino sagte: „Bravo, mein Junge, genau diesen Typen hab ich gesucht." Und weg war er, der Superstar! Wenn ich mich recht erinnerte, begrüßten wir uns nicht mal.

Ein paar Wochen später schaute ich das erste Mal ins Drehbuch – und erfuhr Dramatisches: Mein Boss, Mr. Barnet, ein irgendwie massiv gestörter Kriminalkommissar, stand kurz davor, sich vom Polizistendasein zu verabschieden und hinüber zu wechseln in die Welt der Gangster!

Auch ich, sein Assi, schien in den letzten Jahren den einen oder anderen Schlag zu viel gegen die Birne bekommen zu haben.

Keine leichte Aufgabe, da man mich ganz offensichtlich alleine im Regen stehen ließ: Dialogvorbereitungen mit irgendjemanden gab es nicht – weder mit Kollegen noch mit Rasmus, dem dänischen Regisseur!.

Apropos: Der Superstar, Mr. Importanti, produzierte den Film, der nach Fertigstellung direkt auf die größten Festivals der Welt ging – etwas später waren dann die Kinos dran, auch weltweit.

Dann begann sich das komplizierte Filmrad auch endlich zu drehen: Wir, die Kripotypen, saßen beisammen und mein Chef hielt nen mittellangen Vortrag über so was ähnliches wie die Spurensuche.

Dabei, da mir das Ganze ziemlich langweilig vorkam, wippte ich in meinem Stuhl sitzend auf und ab – aber auch nur so lange, bis mein Chef wie aus dem Nichts heraus brüllte: „Rasmus, so kann der Jeff doch nicht auf seinem Stuhl herumturnen, das ist äußerst störend für mich!"

Das eisige Schweigen, das sich im Raum ausbreitete, ließ das Schlimmste befürchten – aber es kam anders, als viele dachten!

Ich schaute kurz meinen Boss, Mr. Barnet, an und sagte leise, aber bestimmt: „Jetzt mach's mal halblang und schrei hier nicht so rum – stattdessen sollten wir uns vorm Drehen zusammensetzen und die zu spielenden Szenen mal kurz durchgehen: So jedenfalls kenne *ich* das Filmen!

Sollte es bei euch andere Regeln geben, hängt sie doch einfach ans Schwarze Brett."

Nach meiner sehr klaren Ansage bat der Regisseur seine beiden Hauptdarsteller in ein Nebenzimmer, wo er umgehend darauf hinwies, dass „er" hier der Dirigent ist und kein anderer!

Das hörte sich fürs Erste doch mal gut an – hier bevorzugte man niemanden.

In den nächsten Drehwochen fiel mir immer mehr auf, dass die meisten Typen in unserer Kripo Hauptstelle mit mir nichts zu tun haben wollten.

Ich bat deshalb Rasmus auf ein Gespräch, wozu er sich außergewöhnlich viel Zeit nahm: Wir aßen zusammen in einem stylishen, dänischen Restaurant, wobei ich erfuhr, dass sich einer aus unserem Kripoteam doch tatsächlich schon am ersten Drehtag an Rasmus wandte und ihn fragte, warum *er* denn nicht meine Hauptrolle bekam.

Rasmus sah das ganz entspannt und sagte zu dem Möchtegernhauptdarsteller: „Frag dazu mal den Arthur, der ließ den Jeff nämlich extra nach Lissabon einfliegen, um ihn ne knappe Minute sehen zu können!"

Bei diesem Essen erfuhr ich auch, dass der Importanti, wenn ich nicht am Drehort war, ausschließlich über meine Person sprach!

Verwundert war ich natürlich schon, gesteigertes Interesse weckte das allerdings nicht bei mir!

Unser Drehplan sah vor, dass wir circa 8 Wochen dreh'n, tags und nachts, wenn's sein muss. Wir waren jetzt so in der sechsten Woche angekommen, als unvermittelt einer der jüngeren Kripoassistenten (in Ausbildung) auf mich zukam und mir Folgendes erzählte:

„Also, all diese Typen um ihren Chef herum, **mobben** mich nun bestimmt schon seit nem halben Jahr und ich weiß ehrlich nicht, was ich dagegen unternehmen kann."

Du willst ja meine ehrliche Meinung hören: "Nichts kann man dagegen machen, die wollen dich nicht in ihrem Team haben – so einfach ist das; kündige nach deiner Ausbildung und ab die Post – oder willst du dich hier ein Leben lang herumplagen?"

Ich war ob dieser Affäre nicht mal überrascht, denn ich sah 'ne exakte Parallele zu mir: *„Warum spiele ich nicht Jeffs Rolle!"*

Ein idiotisches Spiel, ausgetragen auf dem Rücken eines körperlich wirklich schwachen, jungen Mannes.

Dieser recht nette junge Typ musste dann in den folgenden Wochen irgendwann mal etwas *zu viel* von unserem Gespräch rausgelassen haben – wahrscheinlich hatten sie ihn in die Enge getrieben. Denn kurz danach wurde ich zu einer ‚*Importanti-Film-Gala*' einbestellt, bei der wir uns alle die bisher gedrehten Filmszenen anschauten.

„Unüblich", sehr unüblich, dachte ich bei mir – aber vertragstreu, wie ich nun mal war, erschien ich zu dieser *Filmpremiere* der besonderen Art und musste zumindest eine knappe Minute oder so erleben, wie diese lustige Gesellschaft sich anschickte, über meine Schauspielkünste herzufallen!

„Ihr könnt mich mal!" – dachte ich im nächsten Moment, drehte mich auf meinen Absätzen locker mal um die eigene Achse und verließ inzwischen schon wieder entspannt diesen *Ort der Engstirnigkeit!*

Kann sein, dass sich mit dieser famosen Ego-Inszenierung die Anzahl meiner potenziellen Bewunderer nicht erhöhte.

Am nächsten Tag, ganz in der Früh, rief man mich an die Rezeption meines Hotels: Rasmus musste mich dringend sprechen.

Wir saßen dann friedlich nebeneinander und ich erfuhr, dass er mich sehr schätzte, dass ich mich aus allem raushalten sollte, wobei er die Mobbingaffäre des jungen Lehrlings ansprach – und dann fielen da noch diese Sätze:

„Jeff, weißt Du eigentlich, was Du bist?

Ein saudummer, arroganter Filmidiot!

DU musst noch sehr viel lernen, um

‚Film' zu verstehen."

Rasmus wollte damit wohl ausdrücken, dass ich mehr als fahrlässig die besten Chancen wegwarf – Andere wären froh, mit solchen Superstars wie dem Importanti auch nur einen einzigen Drehtag zu haben!

Meinetwegen, dachte ich bei mir – ich jedenfalls weiß, dass ich mir mit meiner Art zu sein, viel zukünftigen Ärger vom Hals halten werde.

Ich wusste, als Außenstehender in einem kleinen Kosmos wie diesem, wo ich quasi in jeder Sekunde um mein eigenes Schauspielerschicksal kämpfte, kannst du nur überleben, wenn du smart agierst – und sofort konterst, wenn man dich attackiert.

Übrigens: aus meiner Befürchtung wurde (erneut) Realität: Wir drehten unsere letzte Filmszene, Rasmus rief alle Darstellernamen nacheinander auf, und als er meinen Namen gerade aussprechen wollte, übernahm **Arthur Importanti** die Ansage: „Das ist natürlich auch die letzte Szene unserer zweiten Hauptdarstellerin, der allseits beliebten ‚Frau' Jeff Parc.

Wir alle danken ‚Frau' Parc für ihr wunderbares Spiel während unserer langen, achtwöchigen Dreharbeiten."

Wie vom Blitz getroffen zielten circa 100 Augenpaare punktgenau auf Jeffs Gesicht, um zu erfahren, wie reagiert der arrogante Solist auf diese (erneute) Frontalattacke des Maestros persönlich.

Na ja, wie in aller Welt sollte ich auf so nen Schwachsinn reagieren?

Meine Erwiderung kam im Imperativ: „Wenn ich nicht sofort höre, dass diese Szene **Mr.** Parcs letzte ist, könnt ihr mich alle mal …"

In diesem Moment ist es so still, dass man eine Stecknadel fallen hören könnte.

Dann inszenierte ich für all diese Lachnummern folgendes, neapolitanische Schauspiel, das in den meisten Stadtteilen von Neapel als Begrüßungsritual *sehr geschätzt* war:

Jeff nahm eine seiner Filterzigaretten, eine Caramba, aus der italienisch grünen Packung heraus und legte diese auf die Innenseite seiner rechten Hand mit dem Filterstück in Richtung seiner Brust zeigend – fixierte sie dann noch kurz und warf selbige in hohem Bogen in die Luft – allerdings in einer Art und Weise, dass diese Caramba sich nur ein Mal um ihre eigene Achse drehte und in Sekundenschnelle und punktgenau – an ihrem Filterstück – in Jeffs Mund landete, sodass er sie dann direkt und ohne Zeitverlust anzünden konnte!

Die vorher eher gespenstische Stimmung löste sich in Sekundenschnelle auf – und zwar in einen Chor an Gelächter und Jubel, einhergehend mit anhaltendem Applaus!

Es fehlten eigentlich nur noch die afrikanischen Trommeln!

Mitten hinein in den immer noch kräftigen Applaus verkündete Rasmus lächelnd, laut und deutlich – „und natürlich ist es auch die letzte Szene für meinen neuen, furchtlosen Freund:

Mister Jeff Parc!"

„DANKE, Rasmus."

Kalte Winternächte

Da ich abermals keinen sogenannten An-
schlussfilm in der Tasche hatte und ehrlich ge-
sagt auch überhaupt keine Lust darauf verspür-
te, mich schon wieder in irgendein Filmgetüm-
mel zu stürzen, traf ich mich mit Freunden, um
ein Brainstorming darüber abzuhalten, ob wir
uns vorstellen könnten, erst mal überhaupt Ide-
en zu haben, die es bisher als Fernsehshows
noch nicht gab.

Unsere erste Sitzung in Valentinos Haus dauer-
te sage und schreibe zehn Stunden, wovon wir
fünf am Boden lagen und uns kaputt lachten.
Das ging aber leider seiner Frau so auf den
Keks, dass sie weitere Treffen in ihrem Haus
verbot.

So strikt war Valentinos Frau!

Notgedrungen verlagerten wir unsere Den-
krunden abwechselnd in Carlos und Beatas
Wohnungen, in denen es endlich wieder „aus-
gelassen" zuging – sowohl mit unseren Lach-
anfällen als aber auch mit sehr guten Ideen,
über die wir sehr fordernd diskutierten und
dann auch anfingen, selbige zu entwickeln.

In unsere engere Auswahl kamen folgende Er-
leuchtungen: das Brettspiel „Mensch ärgere
dich nicht, eine Straßenfußballer-Show, eine

Azubi-Show und eine Show, in der Teenies, m/ w, eigenständig einen Swimmingpool bauten."

Irgendwann boten wir unsere Konzepte dann bei zig Fernsehsendern an – *und verdienten keinen einzigen Cent damit!*

Erfreulicherweise hatten wir aber einen solchen Spaß mit dieser intensiven Freizeitbeschäftigung – sodass wir uns vorkamen wie Glücksritter zu Zeiten der Goldgräber in den Rocky Mountains!

Alleine versuchte ich es dann mit einer Filmdistribution, mit der ich immerhin ein bisschen was verdiente – und mich wenigstens *noch einmal* überglücklich schätzen konnte, da ich für eine insolvente Filmfirma von einer kleinen Insel nahe Australien deren einen Kinderfilm auf das größte Kinderfilmfestival in Nordamerika, das Chicago International Children's Film Festival, brachte.

Anna Losano: ‚Eifersucht‘

Es war Sommer, ich warf eine paar Klamotten ins Auto und folgte der Einladung meines spanischen Kollegen Alberto, der jedes Jahr mit seiner gesamten Familie in ihr Sommerhaus nahe Barcelona umzog.

Endlich mal wieder komplett abschalten, irgendwie sich frei fühlen und die Tage am Meer mit Volleyball, Netzfußball und Schwimmen genießen. Das stärkt Seele und Verstand – dachte ich bei all meinen künstlerischen Versuchen, die mir finanziell zwar (fast) nichts brachten – außer das Wichtigste überhaupt:

Glück inmitten all der unnötigen Hetze!

Ich fragte mich selbst inzwischen schon viel zu oft: **„WER fuhr denn den Karren, in dem dieser Teufelskreis der unnötigen Hetze es sich bequem machte, gegen die Wand?"**

Eine mir verständliche Antwort hatte ich bisher noch von keinem bekommen.

Alberto, seine Family und Jeff hatten schon drei Wochen voller **Copacabana** ähnlichem Spaß hinter sich, wozu unser geliebter Netzfußball und auch Volleyball gehörte, als mein Freund Gino uns am Strand erwischte und mich cool fragte, ob ich für einen Kollegen einspringen könnte – es ging um den bisher wichtigsten Film eines engen Regiefreundes von Gino namens Ric Meno – seine Hauptdarstellerin war **Anna Losano**, 21 Jahre jung und seit drei Jahren **der** Superstar im gesamten spanisch-sprechenden Raum.

Ich fackelte nicht lange und fragte: „**Wann soll ich wo sein?**"

Am Drehort eingetroffen stoppte mich erst mal eine unüberschaubare Menge an Annafans – irgendwo in all dem Trubel musste sich ja auch Anna Losano selbst aufhalten – und wie recht ich hatte: Sie stand strahlend vor Freude, so ungefähr 20 Meter von der Kamera entfernt, inmitten ihrer meist sehr jungen Fans und schrieb Autogramme – völlig entspannt und cool.

Zum Mittagessen saßen wir dann alle vereint irgendwo in einem Restaurant in Meeresnähe.

Ric, der Regisseur, Anna und das gesamte Filmteam waren überglücklich, dass ich sofort zusagte, die Rolle eines von mir sehr geschätzten Kollegen zu übernehmen. So entstand nur ein geringer Schaden für die Produktion und die Freude hatte hier wirklich alle erfasst, nun nahtlos weiter drehen zu können.

Beim Aufbruch zum Drehort hin legte Ric mir seinen rechten Arm um die Schultern und sagte ultracool: „Was hast du denn in eurem Brünetten Gift für ne *spektakuläre* Rolle gespielt – **solo fantastico, Jeff!**"

Unser Filmtitel war weltweit auch nicht unbedingt mit dem Wort „HARMONIE" befreundet: „EIFERSUCHT" – woraus (Film-) Horrortrips definitiv entstehen können.

Drehzeit: Zwei Monate in und um Barcelona herum.

Seit dem Start ihrer Karriere wollten alle TV-Sender **Anna Losano** in ihren Shows präsentieren – nur diese Anna war von Anbeginn *‚ehrlich und eigensinnig'* – so sagte sie einmal: „Ich mag es nicht, wenn man mir auf die Nerven geht"… und ein anderes Mal, als ihr das dumme Gequatsche zu viel wurde: "Ich bin ich. Das ist alles."

Ab diesen Momenten erkannten die Medien, dass sie zu schwierig sei – aber überall, wo sie auftauchte, gerieten Jung und Alt in Ekstase.

Mach weiter so, Anna – denn von deiner Sorte gibt es in der heutigen Zeit viel zu wenige!

Einen Film von Ric hatte ich noch nie ges – ehen, las aber vor Monaten ´mal eine interessante Story über ihn:

Er sei ein kerngesunder, lustiger Hippie, der auf Menorca in einem riesigen, alten Gehöft mit seiner Frau, zwei Kindern und etlichen Hunden lebte; des Weiteren drehte er schon drei größere Filme, alle in Spanien – dazu führte er Regie bei einigen avantgardistischen Theater- sowie zwei Operninszenierungen – olé!

Die Dreharbeiten mit Anna übertrafen alles, was ich bisher beim Film ‚erlebte": einen omnipräsenten Star, der, wenn er gerade nicht vor der Kamera stand, es sich nicht nehmen ließ, mit seiner großen Menge an Fans permanent zu kommunizieren.

Allerdings musste ich auch bewundernd feststellen: alle Fans dort in Barcelona hatten Respekt vor dieser faszinierenden jungen Frau namens „Anna" – und so kam es nie auch nur zu einer einzigen Ausschreitung!

Schon vor Filmbeginn lud Ric ‚Anna, ihren Freund Alan, einen Engländer – *und als Dankeschön für mein sofortiges Einspringen für einen Kollegen* – **nun auch noch mich** – in sein Haus auf Menorca ein.'

Mit Anna und Alan war Ric samt Family nun auch schon drei Jahre freundschaftlich verbunden und man traf sich, wann immer eine Gelegenheit unangemeldet auftauchte.

Bei ihren Treffen war ‚Literatur" stets ein großes Thema, zu dem ich diesen Sommer mit meinen Lieblingsautoren „Proust, Alain-Fournier, Camus und Hesse" auch einiges beisteuerte.

Um wenigstens ein Beispiel davon zu nennen:

Bis heute ist „**Der große Meaulnes**" von Alain-Fournier das schönste Buch, das ich kenne:

Der Roman erzählt von „einer kurzzeitig erfüllten, doch gescheiterten Liebe."

Vielleicht hervorgerufen durch unsere wunderbaren Literaturgespräche während der sieben Menorcatage, besuchte mich eines Nachts ein Traum, der mir sehr nahe ging:

„Jeff, beginne langsam, dich mit deinem Wunschfilm zu beschäftigen – schreibe ihn dir und spiele darin *den* Helden, nach dem du nun schon so lange Ausschau hältst und der dir dort draußen in der gnadenlosen Wildnis vielleicht nie begegnen wird!"

77

Dieser Traum faszinierte mich und ich liebte ihn!

Apropos: Anna führte unsere „Eifersucht" zu einem Box-Office-Hit der Extraklasse – im gesamten spanisch-sprechenden Raum.

Relaxte Tage in Wien

In einem wilden Ritt ging's dann von Barcelona, wo ich meinen alten, klapprigen Wagen bei Freunden parkte, direkt nach Wien, wo Gino, mein geliebter Sizilianer, seit bestimmt zwei Wochen seine neue Liebe Giselle, eine aufstrebende Theater- und Filmregisseurin, verehrte.

Mein Plan für die Tage in Wien war schon seit Wochen fix: gemeinsam mit meinen Freunden zumindest *ein* herausragendes Theaterstück im Burgtheater zu erleben und Giselle zu Ehren mindestens zwei Abende in ihrem Lieblingskünstlerlokal ‚Eduardo' zu verbringen – dazwischen lauteten die Ansagen: Museen besuchen und immer wieder Film Gespräche mit Freunden und deren Freunden in den legendären „Wiener Kaffeehäusern" führen.

2 Infos:

Das Wiener Kaffeehaus und Das Burgtheater

Das Wiener Kaffeehaus ist als feinschmeckerische Einrichtung eine typische Wiener Institution, die bis heute ein wichtiges Stück Wiener Tradition bildet. Die Wiener Kaffeehauskultur gehört seit 2011 zum Unesco-Kulturerbe.

Der Schriftsteller Stefan Zweig schrieb in seinen Memoiren „Die Welt von gestern" über seine Wiener Jugend, dass das Wiener Kaffeehaus „eine Institution besonderer Art darstellt, die mit keiner ähnlichen der Welt zu vergleichen ist."

Das Burgtheater in Wien ist ein österreichisches Bundestheater. Es gilt als eine der bedeutendsten Bühnen Europas und ist nach der Comédie-Française das zweitälteste europäische sowie das größte deutschsprachige Sprechtheater.

Info Ende.

Beim Ersten der zwei Abende im ‚Eduardo' begrüßte Giselle zwei junge, italienische Schauspieler, Marta und Michele aus Rom, mit denen sie während ihrer Dreharbeiten vor Wochen Freundschaft schloss.

Giselle machte mich bekannt und ab dieser Minute drehte sich vieles um ROM, ihre Heimatstadt und meine Traumstadt seit meinem ersten Besuch dort als ich zehn war, beim zweiten war ich schon 14!

Dabei erfuhr ich dann auch sehr schnell, dass Marta und Michele noch dieses Jahr in Rom antraten, um mit einem jungen, sehr charmanten, niederländischen Regisseur namens Tim

Roman aus Amsterdam ein „trendy Drama" zu drehen.

Die absolute Attraktion dieses Films war natürlich der Weltstar „Leon Sky", der in Paris lebte.

Apropos: Weltstar war er sowohl im Theater als auch im Film.

Als mir Marta erzählte, dass dieser Tim Roman derart lässig und unkompliziert sei, bat ich sie umgehend, damit ichs nicht noch vergesse, Tim zu fragen, ob er Lust hätte, bei Ginos Freunden in Amsterdam, 10 Rembrandtplein, unser ‚Brünettes Gift' anzuschauen. „Na klar, Jeff, mache ich doch gerne für dich; außerdem sage ich mal ganz frech voraus, dass du als Filmtyp Tim und seiner Freundin Fenna, einer attraktiven, völlig unkomplizierten und freundlichen Regieassistentin, gefallen wirst.

Ich gehe sogar so weit zu sagen, dass dich beide nach meinem Anruf ganz schnell nach Amsterdam einladen werden!"

Eine sehr gewagte Prognose, dachte ich.

Tim, der ROM-Regisseur, ruft an

Meine Wien Reise lag nun auch schon Wochen hinter mir und noch immer erreichte mich kein Anruf vom lässigen, niederländischen Regisseur Tim, den Marta, die italienische Schauspielerin aus Rom, ja bitten wollte, sich unser ‚Brünettes Gift' in Amsterdam anzuschauen.

Doch Marta hielt Wort und war erfolgreich – Tim meldete sich froh gelaunt, erzählte mir kurz, dass seine Freundin und er unseren Film sahen und sie mich sehr gerne nach Amsterdam einluden – Marta sei Dank von ganzem Herzen.

Unsere Begrüßung am Amsterdamer Flughafen war überwältigend – das ‚Brünettes Gift' hatte uns den Weg geebnet, eine aufregende Ad-hoc-Freundschaft einzugehen.

Von Amsterdam ging's dann direkt nach Bergen aan Zee, einen malerischen Ort an der Nordsee.

In Tims Auto fragten mich beide, wie alt ich denn sei, da ich mich gegenüber meiner Schüler-Rolle ja überhaupt nicht oder nur minimal verändert hatte.

Die nächsten zwei Tage waren ein Fest der Gefühle füreinander und der gegenseitigen Hochachtung.

Ich berichtete ihnen von all meinen Höhen und Tiefen seit dem Verlassen meiner Schauspielschule und der Hinwendung zu meinem mir ganz privat verkündeten Schauspielersonderweg.

Vielleicht animiert von dieser außergewöhnlichen Offenheit des Schauspielers Jeff Parc entblätterte sich Tim ebenfalls und erzählte mir einiges aus seinem Leben und im Besonderen von seinem bisherigen Schaffen im Film.

Wenn ich das mal ganz direkt ausdrücken darf: Tim kam aus einer Arbeiterfamilie und musste bisher sein Leben lang nur schuften, ob während seines Studiums oder in all seinen ersten Jahren als junger Regisseur.

Dann, und das ist der Witz schlechthin, drehte er ein Musikvideo einer angesagten Teenie Band, das einschlug wie ne Bombe – ab diesem Moment rannten ihm die Produzenten die Bude ein; er aber war so schlau gestrickt, nicht schon wieder ein Musikvideo zu drehen, sondern sich für ein diametral entgegengesetztes Thema eines völlig unbekannten und noch sehr jungen Autors zu entscheiden.

Ihr gemeinsamer Film „Sieben Tage in einer geschlossenen Psychiatrie" machte beide zum „Star wider Willen."

In einer außerordentlich menschlichen Art und Weise schilderten Rupert, der junge Autor, und Tim die Irrfahrten der (meist) Mütter, deren Söhne an Schizophrenie erkrankten.

Dann ging's weiter nach Paris zum Weltstar Leon Sky, der die Hauptrolle in Tims Rom Film „Der Gentleman" spielte: eine „Amour fou", was nichts anderes bedeutete als eine „verhängnisvolle, leidenschaftliche und blinde Liebe."

Im streng bewachten Villenviertel in Paris, im Parc de Montretout, stand ich das erste Mal einem Weltstar gegenüber – und war mehr als überrascht, wie locker wir die anschließenden Stunden miteinander verbrachten.

Apropos: Nichts als cool war unsere Begrüßung, wobei Tim noch Folgendes raushaute: „Du hast mir ja mal erzählt, dass der Film Noir ganz dein Ding ist, Leon – hier steht einer, mein Freund Jeff, dem es eigentlich völlig unerwartet gelang, mit einem einzigen, kleinen Schülerfilm der Marke **Film Noir** in seinem Wonderland ein „Held" zu werden – ebenso zelebrierte er Lesungen „ausgewählter Gedichte" in all den Städten, in denen sein Theater mit ihm in einer Hauptrolle gerade gastierte.

Die *Theatercafés,* in denen Jeffs Kunst Einzug hielt, waren meist überbelegt, inklusive aller freien Bodenflächen, mit vorrangig blühenden Schülerinnen und noch neugierigeren Studentinnen."

Hier grätschte Leon nun dazwischen: "Was hörte ich da: Jeff, der neue Film Noir-Held, umringt von ausschließlich blühenden Schülerinnen und neugierigen Studentinnen, die er alle auf eine lange Reise in die Welt der Gedichte mitnahm.

Eine derart explosive Mischung begegnete mir schon sehr lange nicht mehr.

Wenn du es mir erlaubst, Jeff, werden wir uns in Rom diesem heißen Eisen noch mal ausgiebig zuwenden – Du bist doch in Rom mit dabei?"

Nach dem Essen zogen sich Tim und Leon dann für circa zwei Stunden zurück, um alle noch offenen Drehbuchfragen zu besprechen.

Am Ende dieses Tages standen wir alle noch ein paar Minuten zusammen, bis Leon zum Abschied blies und sagte: „Allora ci vediamo a Roma – So I'll see you in Rome."

Rom – oder?

Als ich eines Abends mit zwei Freunden in einer kleinen Künstlerkneipe saß, merkte ich in einem Moment, dass ich gar nicht mehr an unserer Unterhaltung teilnahm – sondern meine Gedanken ganz woanders herumirrten!

Die folgende Nacht brachte die Entscheidung: "Im Traum saß ich alleine in einem leeren Flugzeug und war auf dem Weg nach Rom, wo ich mit großen Persönlichkeiten zusammentraf, die meine Literatur- und Filmlieben zu

100 % teilten – als da waren der Film Noir und meine Gedichtlesungen vor überwiegend begeisterten Schülerinnen und jungen Studentinnen."

Roma, arrivo!

„Der Gentleman" – unser Romfilm

Meine Reise nach Amsterdam zu Fenna und Tim war der Auslöser dafür, dass ich in Tims Rom Film ein kleineres Röllchen, das sich allerdings durch den ganzen Film zog, übernahm.

Auf dem Weg nach Rom war dieser lässige Vogel namens Leon Sky, der Weltstar, mir immer irgendwie nahe.

Mein Freund Tim war in seinem Romfilm der Regisseur samt guter Gage das Drehbuch kam von einem routinierten Autor, die Produktion übernahm eine renommierte Filmproduktion, die schon einige dieser Box-Office-Giganten betreute.

Die Story in Kürze:

„Der Starmoderator des TV-Senders My Dream, Leon Sky, der Weltstar, verliebt sich in eine junge Praktikantin, die ihn nach kurzer Zeit sowohl demütigt als auch lächerlich macht, in dem sie etliche Affären innerhalb des Senders startet."

Obwohl Leon naturgemäß als Hauptdarsteller kaum Zeit für Privates hatte, nahm er sich die Zeit und machte mich mit einem seiner allerliebsten Freunde, Dr. Andrea Pensano, persönlich bekannt. Andrea war Historiker, Film Noir-Liebhaber, ein großer Literaturfreund, Theater besessen und enger Freund sehr vieler Künstler, weltweit.

Der Dottore bot mir auf der Stelle und im Beisein von Leon seine Freundschaft an – die wir bis zum heutigen Tag genießen.

Zwei Wochen später schon lud Andrea all seine Freunde samt deren Familien ein, mit ihm und seinem Ehrengast ‚Jeff Parc‘ ein ganz besonderes Event in seinem Stammlokal zu zelebrieren:

„Jeff Parc liest ausgewählte Gedichte großer Meister und erzählt, wie es dazu kam, dass er als Schüler ein kleiner Held in seinem Wonderland wurde und welchen Filmplan er gerade verfolgte."

An jenem denkwürdigen Nachmittag saßen der Dottore, seine sehr charmante Frau Lydia und ich in Andreas sehr altem Bentley Continental in Richtung unseres Künstlertreffs vor den Toren Roms.

Ich weiß nicht, wie viele Menschen uns dort schon erwarteten – denn das Lokal war bis auf den letzten Platz ‚besetzt‘. Als Lydia, Andrea und ich auf den für uns reservierten, riesigen Holztisch zuschritten, erhoben sich alle Freun-

de und applaudierten Lydia und dem Dottore –
und vielleicht ja auch mir.

Seine Freunde fotografierten und filmten ohne
Unterbrechung!

Meine mich umgebende Realität verwandelte
sich für einen Bruchteil einer Sekunde in eine
Fantasy World, in der ich deutlich meinen
Freund Andrea Pensano erkannte, wie er mit
mir an seiner Seite meine erste, große Film
Noir Premiere in meinem Wonderland verließ,
um glücklich mit all seinen, unseren Freunden
zu feiern.

Surrealistisches Rom.

Diese kleine, römische Fantasy hatte sich inzwischen wieder aufgelöst, meine drei künstlerischen Darbietungen erhielten stürmischen
Applaus und die vielköpfige Gesellschaft wid-
mete sich nun einem einzigartigen, italienischen Essen – als für mich völlig unerwartet,
von seitlich links ein groß gewachsener Herr
auf uns zutrat, den ich im diffusen Gegenlicht
nicht sofort erkannte; einen halben Schritt weiter und ich war überwältigt – es war kein anderer als Leon Sky, der Weltstar:

„a Moment of Magic in Disguise!"

Apropos: Tim Romans Trivialfilm „Der Gentleman", gedreht in und um Rom herum, mit dem Weltstar Leon Sky in der Hauptrolle, war alleine schon deshalb ein Welterfolg, da zwei Darsteller aufeinanderprallten, die nicht hätten unterschiedlicher sein können:

die erst 18 Jahre junge, lebenshungrige Römerin Susanna und der in die Jahre gekommene Superstar Leon Sky.

Das Spiel der extremen Gefühle und irren Sinnlosigkeiten nahm seinen Lauf.

Anmerkung:

Meine kleine Rolle als Chauffeur einer (echten) Gräfin meisterte ich mit Bravour, da es mir gelang, den dreißig Jahre alten Rolls-Royce meiner Chefin wochenlang und unfallfrei durch die Straßen Roms zu steuern.

Meine verrückte Rückkehr nach ROM

Kurz nach meinem ‚Gedichtenachmittag' im Kreise von Dottore Pensanos Freunden erkrankte Leon und unser Film musste eine unbestimmt lange Pause einlegen.

Ich war auf der Heimreise von einer meiner vielen Gedichtelesungen in den Niederlanden – als mich ein Anruf aus Rom erreichte.

Malizia, eine der bezaubernden Produktionsassistentinnen, teilte mir (freudestrahlend) mit, „dass es am 17. September weiter gingc!"

In Rom, meiner Traumstadt, angekommen, nahm ich den Bus zur Produktion. Dort erkannte ich schon von außerhalb der Produktionsräume die eine oder andere markante Stimme meiner Kollegen, die alle denselben Tag auswählten, um endlich wieder mitten in Rom ihren geliebten ‚Espresso doppio' genießen zu können.

Drinnen war man dabei, die Drehpläne zu verteilen – und als Malizia mir meinen gerade überreichen wollte, bemerkte sie im allerletzten Moment, dass meine Drehtage „durchgestrichen" waren.

Hektik lag in der Luft, Malizia rief nach unserem Aufnahmeleiter, der anscheinend schon wusste, dass ich gar keine Drehtage mehr hatte – ich sah dies ähnlich und freute mich somit auf Tage der vollkommenen Nonchalance in meiner Traumstadt.

Dieses ‚kleine' Malheur lösten die Römer auf ihre ganz eigene, charmante Art und Weise:

Die Produktion entschuldigte sich bei mir römisch-cool und sehr liebenswert – und *da alle Römer wissen, dass Kaffee „Atmosphäre" ist, und zwar nicht nur geschmacklich, sondern auch in kultureller Hinsicht,* veranlassten die Produzenten umgehend, dass Malizia mir einen **„Caffè macchiato nel vetro"** (i.e.: ein Espresso mit einem Schuss Milch in einem Glas) servierte.

Ergänzend überreichte mir der Boss der römischen Filmproduktion, Alessandro Russo, sehr kultiviert einen Umschlag, in dem ich später las und sah, dass die Römer meine sozusagen ‚Restgage' verdoppelten!

Jeff ringrazia dal profondo del cuore.

Jeff thanks from the bottom of his heart.

Arrivederci Roma

Vom Monte Picino aus warf ich noch einen letzten Blick auf ganz Rom, bevor ich zurückfuhr nach **Trastevere**, wo ich an diesem Abend all meine engen Filmfreunde in mein Lieblingsristorante an der **Piazza Santa Maria** einlud, um unsere gemeinsame, glückliche Zeit in dieser einmaligen Stadt Revue passieren zu lassen und um uns gegenseitig zu versprechen, „genau hier in diesem Ristorante in fünf Jahren ein Wiedersehen zu feiern."

Nichts und niemand anderes rief mich zurück in mein *Wonderland,* als der *eine* Traum vom *eigenen* Film Noir, den ich nur dort in der Lage war zu realisieren.

Rom, die Ewige Stadt, die erstmals im 1. Jahrhundert v. Christus der Dichter Tibull „Ewige Stadt" nannte.

Diese Bezeichnung wurde zu einem Ehrennamen für die Stadt wegen der Bedeutung in ihrer bis heute drei Jahrtausende umspannenden Geschichte.

adieu rom

despedida rom

afscheidsrom

pożegnanie rom
goodbye rom

さようなら

auf wiedersehen rom

The Final Showdown: „Duell am Großen Platz"

Ich erwachte die nächsten acht Tage an einem Ort, der mir fremd war – mein eigenes zu Hause!

Mir fiel dazu nur ein Wort ein: Kulturschock!

INFO: Kulturschock ist kein persönliches Fehlvermögen, sondern eine vollkommen normale Reaktion auf eine unbekannte und fremdartige Umgebung.

INFO ENDE.

Ja, vieles war mir hier fremd geworden; davon zwei Dinge am meisten: das ständige Reden über die Arbeit und der Respekt untereinander war ein völlig anderer als in Rom.

Mein Kopf hing anfänglich noch etwas durch, worauf mein Allzeit-Erfolgs-Rezept helfend einsprang und mich in einen Dialog mit mir selbst „dirigierte!"

Kaum hatte ich meine vorübergehende, innere Leere abgeschüttelt, als auch schon eine erfreulich direkte Art von Konzentration auf mein Ziel wieder zurückkehrte: Hier und jetzt meine Story zu entwerfen, die mich final zu meinem Traum führen sollte – meinen eigenen, großen **FILM NOIR** zu drehen.

Und es passierten nun Schlag auf Schlag wirklich irre Dinge.

Es fing alles ganz banal an:

Ich ging in einen Supermarkt, um für so circa drei, vier, fünf Wochen alles einzukaufen, was in Reichweite war.

Wieder in der Wohnung zurück, ließ ich erst mal die dramatische Zeit mit meiner Schülerfilmgruppe minutiös an mir vorbeiziehen.

Ja, ich saugte diese super coole Zeit regelrecht in mich hinein.

Mit all dieser angesaugten Kraft ließ ich meinen Film Noir Gedanken freien Lauf.

Meine vielen Begleiter in diesen Wochen waren: mein PC, Berge von Blättern, viele, mehrfarbige Kulis und italienischer Espresso, viel italienischer Espresso! In dieser erst mal totalen Leere flashte wie aus dem Nichts immer wieder derselbe Filmtitel vor meinem Auge auf: „The Final Showdown: Duell am Großen Platz".

Ich kam dort an, wo mein ganz persönlicher Film mit mir enden musste.

Nach dramatischen circa vier Wochen des nur Schreibens, mit sehr, sehr wenig Schlaf, hatte ich mein Treatment fertig.

INFO: Ein Treatment ist die Vorstufe des späteren Drehbuchs (auch: Script). Info Ende.

Mit diesem Treatment machte ich mich dann auf den Weg zu einer renommierten Filmproduktion und deren Chef David Cohen, der auch gleichzeitig ein wunderbarer Filmregisseur war.

Meine nicht verhandelbare Bedingung: Der Titelheld bin ich.

Ansonsten geht das Suchen nach einer Produktion weiter.

Finde ich letzten Endes keine, werde ich meiner Story einen Ehrenplatz in Jeffs Lieblingsschublade zuweisen und mein Leben lang stolz auf mich sein, meine ganz persönliche Filmstory geschrieben zu haben.

Lange Rede kurzer Sinn:

WIR beide, David und Jeff, mochten, verstanden, einigten uns und schrieben dann auch gemeinsam das Drehbuch. Nach weiteren circa zwei Jahren des dramatischen Ringens um die Finanzierung unseres Projektes und der langen Suche nach den geeigneten Film Noir-Darstellern aus ganz Europa, fiel dann endlich in einem verregneten Kopenhagen der Startschuss zu *dem* Film, von dem ich im Grunde schon mein ganzes Leben lang träumte – *mit mir als dem Titelhelden meiner Story*:

Mein Cousin „Marc Durand" und ich, „Jules Moreau", waren die Köpfe einer Bande, die für ihre kriminellen Taten acht sehr lange Jahre im Gefängnis saßen.

Nach unsrer Entlassung schworen wir uns, der Kriminalität „Goodbye" zu sagen. Leider war mein Cousin der Einzige, der unser Versprechen nicht einhielt – warum auch immer.

All die anderen außer mir fanden sehr schnell Arbeit als Automechaniker.

Ich tat mich da schon etwas schwerer, um es mal locker auszudrücken.

Mehr aus Langeweile heraus begleitete ich dann eines Tages meinen Freund „Fred", der seit Jahren davon träumte, Gangsterrollen im TV und Film zu spielen ... zu seinem vielleicht schon zweihundertsten Filmcasting!

Während wir inmitten von bestimmt 100 anderen Möchtegernschauspielern auf Freds „Auftritt" warteten, erzählte er mir derart idiotische Castingerlebnisse, dass ich mehr und mehr die Kontrolle über mich selbst verlor – so beutelte es mich vor Lachen!

Dann aber, endlich, nach bestimmt zwei, drei Stunden Wartezeit, leuchtete Freds Castingnummer auf.

Zu meiner großen Überraschung kam Fred schon fünf Minuten später wieder vom Castingraum zurück und sagte: „Jules, ich glaub, hier bahnt sich was für dich an, geh da mal gleich rein – die wollen dich sehen."

Ich schaute meinen Freund Fred mehr als erstaunt an und sah in seinen Augen, dass er große ‚Freude' empfand, dass sich für seinen langjährigen Kumpel Jules hier vielleicht eine kleine Chance ergeben könnte – Arbeit zu finden, Geld zu verdienen.

Ohne zu zögern, schlenderte ich an Fred vorbei und hinein in eine mir bisher völlig fremde Welt: die Welt des Films!

WAS hatte ich zu verlieren?

Drinnen im Casting Raum saß ich wie auf einer Anklagebank und vor mir zig Typen, die mich eigentlich nur langweilten – und ich nahe dran war, aufzustehen und grußlos von dannen zu zieh'n!

Aber – es kam Hilfe für den gelangweilten Jeff: Es schlug die Stunde des links außen sitzenden Typs, dem das ganze Gefrage wohl auch auf den Keks ging.

Ohne vorher auch nur ein Wort gesprochen zu haben, stand er auf, stellte sich vor mich und verkündete: „Du siehst zwar aus wie ein noch nicht entdeckter **Held** – bei mir kannst du dafür schon ′mal üben und ′nen kleinen Hinterhofganoven spielen – wär′ das was für dich?"

Worauf ich cool erwiderte: „O.K. – hast Du so was wie ne Karte oder Telefonnummer – ich ruf dich morgen an."

Nach dieser allerersten Filmübung folgten weitere ...

Da ich trotz gewisser Anstrengungen keine andere Arbeit fand, nahm ich dann weiterhin mehrere dieser lustigen Hinterhofrollen an, bis, ja wie aus dem Nichts heraus, ein ganz mutiger, junger und völlig schräg aussehender Regisseur des Weges kam und mir, dem Ex-Sträfling, die absolute Hauptrolle in seinem neuen Thriller „**Murder was yesterday**" anvertraute.

Was für ein Paukenschlag.

Ab da kannte mich, **Jules Moreau,** die ganze Nation.

Die Sache hatte nur einen gravierenden Haken: **Ich saß acht Jahre im Knast!**

Diese acht Knastjahre waren natürlich für Teile der Presse „ein gefundenes Fressen." Zu meinem großen Nachteil.

Denn es gab doch mehr Menschen, als ich je dachte, die die unerfreulichen Medienvorlagen bereitwillig aufnahmen und mich auf vielen öffentlichen Plätzen beleidigten und beschimpften!

Keine feine Sache – kann ich ihnen sagen.

Trotz allem: Ich war freundlich zu den Zweibeinern, egal was sie mir gegen den Kopf warfen!

Ich dachte zwar kurz ´mal ans Auswandern – aber mit meinen Papieren: „Acht Jahre (im) Bau" … wäre ich bestimmt nicht weit gekommen.

Als ich eines Tages mal wieder meine desillusionierende Wohnung betrat, klingelte auch schon das Telefon und die Frau meines Cousins Marc war am Apparat und außer sich vor Schmerz:

„Jules, sie haben Marc erschossen!"

„WAS?", schrie ich in den Hörer.

„Sie haben Marc erschossen!"

„NEIN!", brüllte ich, „Warum?"

„Bei einem Überfall!"

Die Headlines im Netz und in den Zeitungen:

„Cousin des sehr beliebten Filmstars
„Jules Moreau" bei Juwelenraub
erschossen."

Des Weiteren stand zu lesen: Der mit dem Fall betraute Kommissar Ricardo hält den beliebten Filmstar Jules Moreau für den wahren Kopf dieser Bande und versucht nun, ihn mit allen ihm zur Verfügung stehenden Mitteln zur Strecke zu bringen.

Angesichts dieser staatlichen Übermacht fiel es mir nicht leicht, meine Unschuld zu beweisen.

Und, was noch erschwerend hinzukommt, dieser Mann ist ein in Flammen stehender, besessener und unbelehrbarer Kriminalkommissar, dem alles zuzutrauen ist und dessen "TOD-FEIND" ich bin!

Ich war mir sicher, dass ich auf seiner Todesliste stand.

Zu Hilfe kam mir, mehr durch Zufall, die Schwester eines Schauspielerfreundes, die Journalistin „Manon Lambert."

Sie war leitende Redakteurin bei einer der größten Zeitungen des Landes und schaute sich auf meine Bitte hin die Todesursache meines Cousins einmal genauer an.

Nach wochenlangen, sehr zeitaufwendigen, meist nächtlichen Recherchen fand sie heraus, dass der Kommissar, der Jules Moreau nun gnadenlos jagte, ihn öffentlich an den Pranger stellte, die entscheidende Rolle beim Tod meines Cousins spielte.

Weiterhin erkannte Manon Lambert, dass dieser Kommissar auch eine nicht zu überbietende Aversion gegen sogenannte Filmstars haben muss – was die Redakteurin aus zahlreichen, zurückliegenden Interviews dieses Staatsdieners herauslesen konnte!

Denn nach den Recherchen von Manon Lambert erschoss Kommissar Ricardo meinen Cousin aller Wahrscheinlichkeit nach von hinten!

Ich war geschockt, musste ‚zur Tat' schreiten!

Da ich es hier aber mit einem gefährlich verrückten Gegner zu tun hatte, war ich gezwungen, eine außerordentlich anspruchsvolle Geschichte zu entwickeln, deren Ende der ganzen Nation vorführte, WER hier welches Spiel mit WEM spielte.

Ich werde diesen skrupellosen Kommissar, der meinen Cousin auf dem Gewissen hat und mich öffentlich als Gangster abstempelt, seiner gerechten Bestrafung zuführen!

Gemeinsam mit meinen vier Ex-Gangkumpels und all unseren attraktiven „Königinnen" werden wir uns einen Einkaufsbummel der familiären Art genehmigen.

Die Stunde der Entscheidung musste um die legendäre Stunde „High Noon / Zwölf Uhr mittags" herum stattfinden, denn so viele Bürger wie nur möglich sollten diesem SHOW-DOWN am Großen Platz hautnah beiwohnen können. Da konnte dann ja auch nur ein Besuch im exklusivsten Juweliergeschäft des Landes, das gleichzeitig am zentralsten Platz der Nation seinen Hauptsitz hat, wirklich Sinn ergeben!

Zu Ehren eines solchen Ereignisses scheuten wir natürlich auch keine Kosten und Mühen, um uns allen, den charakterfesten Damen und den gewaltlosen Herren, die entsprechend elegante Ganoven Bekleidung beim Theaterkostümverleih auszuleihen!

Im Stil von „Edel-Gangstern ohne Waffen" betraten wir Arm in Arm das luxuriöse Juweliergeschäft.

All unsere Damen hatten einprägsame Handtaschen bei sich, die Männer geräumige Aktentaschen.

Im luxuriösen Juwelierladen selbst konnte uns gar nicht entgehen, dass wir alle unter intensivster Beobachtung standen!

Ungeachtet dessen genossen wir die fachkundige Beratung, worauf sich zwei unserer Damen zur Feier des Tages doch tatsächlich ein paar silberne Armbändchen zulegten.

Angespannt verfolgten die Kollegen von Kommissar Ricardo auf ihren Monitoren die ihnen eigentlich nicht so recht verständlichen Vorgänge im Luxusjuwelierladen.

In einem quasi Paralleluniversum wartete in der Zwischenzeit Kommissar Ricardo, versteckt in einem großen Wagen der Straßenreinigung, mit direkter Sicht zum Ausgang des Juweliergeschäftes – auf seinen lange herbeigesehnten Auftritt.

Zur gleichen Zeit brachte sich die bekannte Journalistin „Manon Lambert", die Schwester meines Schauspielerkollegen, mit mehreren Filmaufnahmeteams in beste Positionen, um die zu erwartende Dramatik präzise dokumentieren zu können.

Nach vielleicht einer Stunde „mitten unter hochpreisigen Juwelen" verließen wir das Luxusgeschäft im Minutentakt.

Als letztes Paar gingen Jules Moreau und seine bildhübsche Freundin Jennifer in lässiger Ruhe aus dem Juwelierladen, als plötzlich, wie aus dem Nichts heraus, auch schon eine männliche Stimme laut und deutlich rief: „J U L E S!"

Jules drehte sich langsam in *die* Richtung, aus der sein Vorname gerufen worden war.

Die zuständigen Polizeikräfte, die alles via Liveschaltung mitverfolgten, erkannten natürlich die höchstwahrscheinlich „todbringende Situation", rannten wie die Irren von ihren Kommandoständen in Richtung der Duellarena, um ihrem Kollegen, Kommissar Ricardo, laut schreiend zu signalisieren:

S T O P

S T O P

NICHT schießen!!!

KEIN Überfall

Nicht schießen!!!

Zu spät …….

Kurz vor dem ersten S T O P-Ruf flog Ricardos todbringende Kugel auch schon durch die nass-graue Luft und traf Jules mitten ins Herz.

Jules Moreau fasste sich reflexartig mit beiden Händen noch an seinen Oberkörper, sackte dann aber ganz langsam, ja wie in Zeitlupe, in sich zusammen und blieb tot auf dem Asphalt liegen.

Seine Freundin kreischte in den höchsten Tönen, ließ sich auf die Knie fallen, um Jules wiederzubeleben ...

Chaos brach aus, der Große Platz der Stadt versank in Panik, jeder einzelne und alle versuchten, sich nur noch in Sicherheit zu bringen.

Wenige Mutige eilten zu Jules Freundin, um ihr und vor allem Jules vielleicht doch noch helfen zu können.

Diese von Todesahnung beherrschte Stimmung auf dem Großen Platz der Hauptstadt verflog dann aber im nächsten Augenblick, als die ersten Menschen auch schon ungläubig staunend erkannten, dass der tot geglaubte Schauspieler Jules Moreau, wie von Geisterhand gelenkt, seine Augen ganz langsam, wie nach einem tiefen Schlaf, wieder öffnete, irgendwie sanfterleichtert lächelte und wie im Zeitlupentempo aufstand.

Jules Moreau, *der neue Star der Nation*, schaute triumphierend in die Runde, wendete sich dann seiner immer noch bestürzt und fassungslos wirkenden Freundin zu, nahm liebevoll ihren Kopf in beide Hände und küsste sie sehr, sehr lange und innig.

Ein lang anhaltendes „Ohhhhhhhhhhhhh" lag wie ein jubelnder Glockenklang über dem „Schauplatz der Schande."

Der nicht enden wollende Applaus der inzwischen zur Arena zurückgekehrten Menschen, es waren nun schon wieder viele Tausende, versetzte ganz downtown in eine außergewöhnliche Euphorie!

Einer der ihren, Jules Moreau, ein Mann aus dem ärmsten Arbeitervorort ihrer Stadt, der acht lange Jahre im Gefängnis gesessen hatte und danach nur durch Zufall ein Filmstar geworden war, vollbrachte das Kunststück, einem Teil des Staatsapparates seine Grenzen aufzuzeigen.

Während des Jubels vieler Tausender Menschen zog JULES ganz langsam sein blutverschmiertes Hemd samt Jacke aus, öffnete seine geräumige Aktentasche, in der sich zwei

Handtücher samt nassen Waschlappen, ein frisches Hemd und eine Jacke befanden, legte dies alles auf den Boden, reinigte sich etwas, zog das frische Hemd und die Jacke an und steckte die blutverschmierten Sachen in seine Aktentasche.

Bevor Jules die Duellarena mit seiner tapferen, bildhübschen Freundin verließ, hielt er den zerschossenen Blutbeutel und seine schusssichere Weste wie unbezahlbar wertvolle Trophäen in seiner rechten, hochgereckten Hand – als Beweis dafür, dass man ihn kaltblütig ermorden wollte.

Erneut brauste frenetischer Applaus auf und erfüllte den riesigen Platz inmitten der Stadt.

Nicht nur feierte das VOLK den

beliebten Schauspieler Jules Moreau:

N e i n!

Das Volk feierte gleichzeitig auch sich

selbst.

Am Rande des Platzes umringten inzwischen jede Menge Kollegen ihren desillusionierten Kommissar Ricardo, der   als gebrochener

Mann durch alle hindurch dem „Nichts" in die
Augen schaute.

Das „**D U E L L am GROßEN PLATZ**"

hatte einen triumphalen Sieger, den

das VOLK liebte!

Jules Moreau

E N D E

THE END

FINE

FIN

ÄNDEN

LOPPU

終り 終わ終わり

終わ

Der Morgen danach

Als Film-Held verließ ich die „Duellarena" – gemeinsam mit meiner Freundin.

Als Held all meiner neu-gewonnenen Freunde im gesamten Land wachte ich am Morgen danach wieder in *der* Wohnung auf, in der meine Story begann … irgendwo in einem grauen, heruntergekommenen Arbeiter-Vorort einer europäischen Stadt:

in meinem Land, dem Wonderland, dem Land meiner Fantasie, dessen einziger Bewohner ich bin!

Wochen später

fasste ich den *einsamen* Entschluss, mich als Schauspieler für immer zu verabschieden!

Ohne unseren Film Noir: **The Final Showdown: „Duell am Großen Platz"** – mit all seinen im deutschsprachigen Raum unbekannten, erstklassigen Schauspielern – hätte ich meinen Rückzug bestimmt nicht zu diesem Zeitpunkt vollzogen.

Auch sah ich eine ähnlich wunderbare Affäre, wie unsere Geschichte sie erzählte, *nirgendwo* auch nur schemenhaft am (Film-) Horizont!

– mission accomplished –

Info – The Final Showdown: „Duell am Großen Platz"

Unsere Filmkritik

und

Der Film wird im Fernsehen vorgestellt.

Unsere Film-Kritik:

Ein anerkannter Filmkritiker schrieb über unseren Film:

Der Film beeindruckte das sehr junge Festival-Publikum vor allem mit dem männlichen Hauptdarsteller Jeff Parc, der auch die von ihm erfundene Story der Filmproduktion vorstellte, die sie dann drehte.

Der Kritiker weiter:

Die unterkühlte Fotografie und das präzise Mienenspiel seiner Hauptakteure heben den Film von der biederen Gleichförmigkeit der meisten TV-Krimis wohltuend ab.

Apropos: Unser Kameramann gewann den „Europäischen Filmpreis: Beste Kamera."

Der Film wird im Fernsehen vorgestellt:

Der *Fernseh-Redakteur*, der unseren Film im TV live vorstellte, vertrat die gleiche Meinung wie der vorher genannte Film-Kritiker:

„Ein wunderbarer Film, tolle Haupt-Darsteller ."

Eine kleine *Anekdote* am Rande unseres Films:

Ich begrüßte den *Fernseh-Redakteur* das erste Mal, als ich zur Vorstellung unseres Films ins TV-Studio kam – er schaute mich an und sag-te: *„Was machen Sie denn in dieser Stadt?"*

Info: Die Stadt, in der ich lebte, war *keine* „Film"-Stadt.

Zwei Reflexionen sehr bedeutender Filmemacher:

Jean-Pierre Melville und Jean-Luc Godard

Jean-Pierre Melville

Reflexion

„Ich liebe die amerikanische Definition von Star. Ein ganz normaler Mensch mit something extra.

Dieses something extra ist undefinierbar:

Es liegt in der Kraft des direkten Eindrucks, den der Schauspieler auf das Publikum macht.

Der Beruf des Schauspielers ist nicht erlernbar – man ist begabt oder man ist es nicht."

Jean-Luc Godard

Reflexion

„Für mich ist Film zugleich Leben.

Film ist etwas, das das Leben fotografiert......."

Reflexion: Der Müßiggang

Wenige Tage nach Fertigstellung meines Buches – sitze ich mit einem Freund in dessen Garten und lese in einer seiner Lieblingszeitschriften eine kleine, aber feine Betrachtung über den Müßiggang:

„Müßiggang: warum gelegentliches Nichtstun hohe Kunst ist."

Müßiggang ist oft der Ursprung guter Gedanken und großartiger Ideen.

UNS, den Heute-Menschen, hat man diese wunderbare Fähigkeit leider mit dem Hinweis ausgeredet, dass untätig sein etwas ganz Schlimmes sei.

Aufgeschreckt durch solch wirre Aussagen, haben Menschen im Laufe der Zeit die hohe Kunst des Müßiggangs komplett verloren.

Man hat die Menschheit rund um den Globus in weltweit geschickt aufgestellte Hamsterrad-Fallen gelockt und ihr mit-geteilt:

„Schuftet alle nur den ganzen, langen Tag, denn dann könnt IHR am Ende des Tages auch noch stolz auf Euch sein, im großen Hamsterrad der Zeitgeschichte die Bodenhaftung trotz zunehmenden Tempos nicht verloren zu haben."

Gratulation! ...aber dumm gelaufen."

Mir verschlug es die Sprache, denn ich hatte das Wort „Müßiggang" schon Jahre nicht mehr gehört!

Erleichtert, dass das Wort überhaupt noch existiert, ging ich ins Haus, machte mir einen „doppelten Espresso" und gedachte all meiner römischen Tage, die dem Müßiggang seine Zeit gaben.

Epilog: ROM – Die Ewige Stadt

Roma – Città Eterna

Ein wunderbar menschliches Bild von Rom möchte ich Ihnen zum Schluss meines Buches nicht vorenthalten:

Zufällig kam ich neben einer älteren Dame in einer Behörde zu stehen, die ein sehr großes Problem mit amtlichen Papieren hatte – worauf ein herbeigerufener, höherer Funktionär zu ihr sagte: „Wir kümmern uns darum, gnädige Frau, bitte kommen Sie übermorgen wieder, dann werden wir das Problem in ‚Ihrem' Sinne gelöst haben!"

Vieles unterlag, so wie ich es während der langen Zeit unseres Filmes miterlebte, der persönlichen Einschätzung von Funktionären, sodass man den sehr positiven Eindruck nicht los wurde, als entstanden jeden Tag neue Gesetze, was die alten nicht abschaffte.

Meine Sehnsucht nach Rom wird immer (ein) Teil meines Wesens sein.

The End